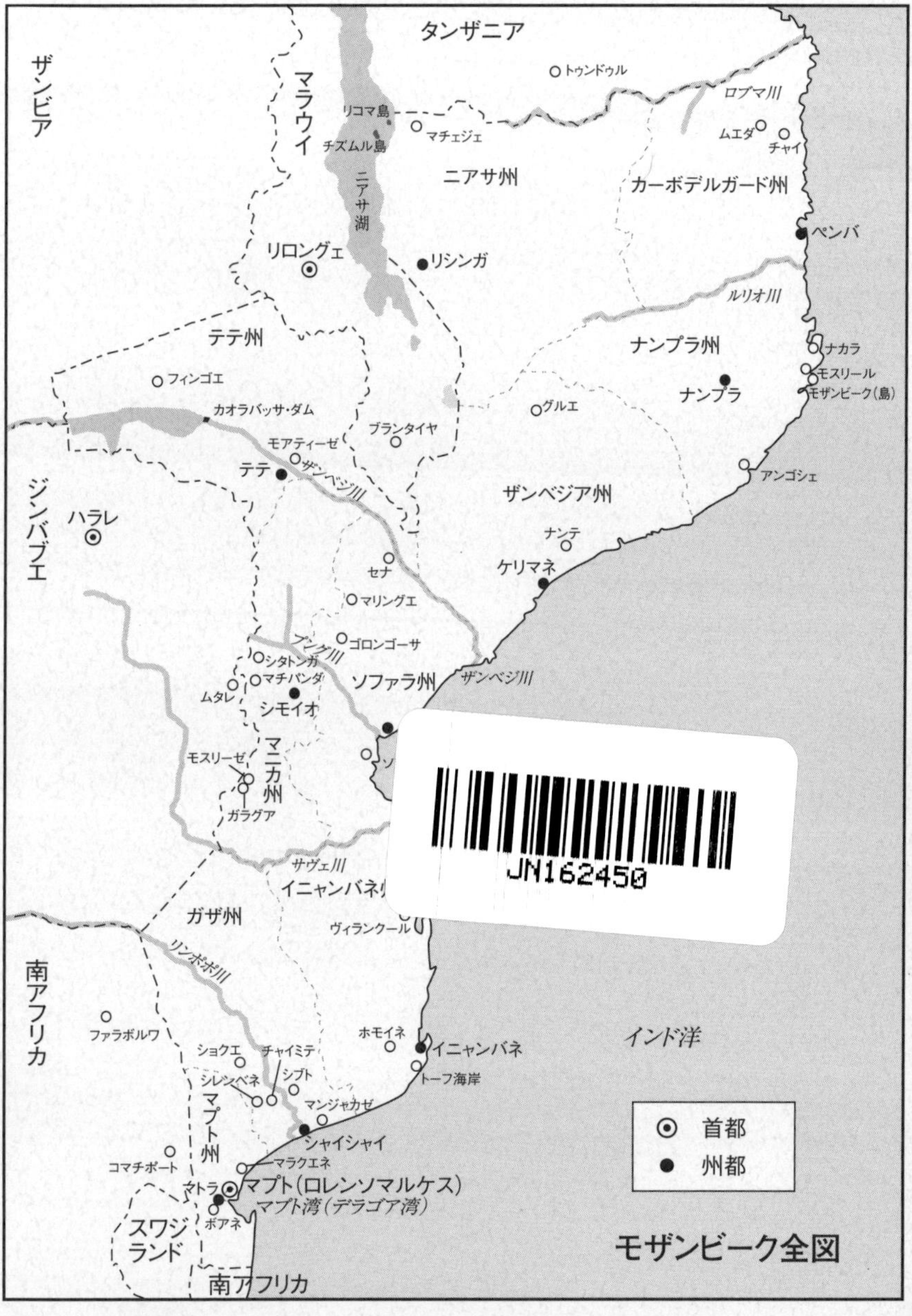
タンザニア
ザンビア
マラウイ
リコマ島
チズムル島
ニアサ湖
トゥンドゥル
ロブマ川
マチェジェ
ムエダ
チャイ
ニアサ州
カーボデルガード州
ペンバ
リロングェ
リシンガ
ルリオ川
テテ州
ナンプラ州
ナカラ
フィンゴエ
モスリール
ナンプラ
モザンビーク(島)
カオラバッサ・ダム
グルエ
ブランタイヤ
モアティーゼ
テテ
ザンベジ川
アンゴシェ
ジンバブエ
ザンベジア州
ハラレ
ナンテ
セナ
ケリマネ
マリングエ
ゴロンゴーサ
プング川
シタトンガ
マチパンダ
ソファラ州
ザンベジ川
ムタレ
シモイオ
モスリーゼ
マニカ州
ガラグア
サヴェ川
イニャンバネ州
ガザ州
ヴィランクール
リンポポ川
南アフリカ
インド洋
ファラボルワ
ホモイネ
イニャンバネ
ショクエ
チャイミテ
トーフ海岸
シレンベネ
シブト
マプト州
マンジャカゼ
シャイシャイ
首都
州都
コマチポート
マラクエネ
マトラ
マプト(ロレンソマルケス)
マプト湾(デラゴア湾)
ボアネ
スワジランド
南アフリカ
モザンビーク全図

モザンビークの誕生

サハラ以南のアフリカの実験

水谷 章

在モザンビーク大使

花伝社

モザンビークの誕生——サハラ以南のアフリカの実験◆目　次

はじめに

アフリカ人同胞の排斥

二〇一五年四月に南アフリカのダーバンを中心に発生したアフリカ諸国出身外国人労働者に対する排斥運動は、当時隣国モザンビークにいた筆者にとっては理解に苦しむものであった。外国人排斥という忌むべきアナクロニズムの故だけではない。植民地主義、あるいは人種差別政策に苦しみ、大変な犠牲の上に多くを学び取ったはずの人々が、何故にささいな刺激をきっかけに、あまつさえ同じアフリカの周辺同胞を短期間とはいえ排斥の対象となし得るのか。

この時、モザンビークの首都マプトの庶民らが、「南アフリカの連中はいばって働かない。あそこの道を掃除しているのはモザンビークからの出稼ぎだ」というような不満を筆者に漏らしたのは印象的であった。

同年一月にニュシ新大統領の下で発足したばかりのモザンビーク新政権は、この状況に対し見事な対応を示した。不安にかられて南アから故国へもどろうとする在留モザンビーク人のために退避用のバスを用立てて閣僚を同行させるとともに、南アとの国境近傍に退避してくるモザンビーク人のための一時収容所をすみやかに設置した。国内同胞には報復を戒め自制を呼びかけつつ、さらには外交努力により五月二〇日にはズマ南アフリカ共和国大統領がマプトでニュシ大統領と首脳会談を行ってその場で謝罪する……という舞台回しをやってのけた。事態は沈静化した。胸をなで下ろしながらも、「何故にこういう事件が起きるのか」と疑問を感じたのは筆者だけではなかったであろう。

じつは二〇〇八年五月にも同様に外国籍アフリカ人に対する排斥・襲撃事件がヨハネスブルグのタウンシップ（黒人居住区）で発生したことがある。その際には三万人ほどの黒人外国人労働者がモザンビークを含む周辺国に避難したという。おそらくモザンビーク政府の今回の対応には、二〇〇八年の経験をふまえた内々の準備があったことであろう。それにしても、時に南アフリカ人がアフリカ人移民労働者に向けるこの排他性はどこから来るのであろうか。平時における日常生活の中では南アフリカを含むアフリカ諸国の外交官たちが、互いを「兄弟！」と呼び合う関係が存在するにもかかわらず……、である。

「連帯」の微妙さ

モザンビークを含むサブサハラのアフリカ諸国は、特に他の先進諸国との関係で「自国にとっては問題ない」、あるいは「おおいに好ましい案件」であっても、他のアフリカ諸国が難色を示すものについては「アフリカの団結」との原則が持ち出された途端に、あたかも金縛りにあったごとく、自国の利益を突出して貫くことをはばかる傾向にある。

親しいモザンビークの外交官は、「モザンビーク人の心情には多くのレガシーが残る」と絵解きしてくれた。彼はそれ以上を語らないが、おそらくモザンビーク人が内心いだくレガシー（遺産）とは、植民地を支配した白人に対するアフリカ人同士の連帯感をはじめ、今なお彼らの心中深く痕跡を残し、ときに意識を支配する誇りであり憧れであり、不安であり諦観であり、さらにはトラウマやあるいは合理的根拠のない思い込みでもあるように思われる。モザンビークを理解する際も、アフリカの多様性・差異性と一体性はつねに意識の片隅に併存させておかなければならない。

人類発祥の地とされるアフリカ大陸は、面積約三〇三一万平方キロメートルで、アメリカ合衆国と西ヨーロッパ、インド亜大陸、そして中国やアルゼンチンの領土をすべてあわせた二九八四万平方キロメートルよりも大きく、世界の陸地総面積の約二五％を占め、そこには現在五四ヵ国が存在する。その一方で総海岸線は約三万キロメートルと、アジアにおける総海岸線距離の半分にも満たない。こうした歴然たる事実はこの大陸に湾入がほとんどないこと、つまり天然の良港が少ないことを意味する。奥地へと遡行する大河も少ない事実とあわせ考えれば、広大な内陸地域と沿岸地域の差の大きさと、さらにはそれによって沿岸地域と内陸地域の相互関係も微妙となりうることを予感させる。

「文字」文明の意義とは？

土地に対する人口の少なさ、きびしい自然と風土病の脅威の中で散在する約八〇〇ともいわれる多様な部族の存在と、それら部族の間ではもとより、同一語族間でさえ異なる言葉*と習俗。一六世紀にはアフリカ原住民の方がアメリカン・インディアンよりも多くの鉄器を使用していた、あるいは中世以前には欧州よりも強力な政治組織を持つ文明があったとも他方で説かれながら、歴史家アマドゥ・ハンパテ・バー**が「古老が死ぬのは、図書館が一つ燃えてなくなるのに似ている」と評したほどの文字を介した情報の少なさは「暗黒大陸」と称された所以でもある。

＊　同一語族間でも言葉が通じないことが多いため、アフリカでは外来語にもとづく地域的共通語が大きな役割を果たしている。アラビア語に始まり、植民地の歴史を反映する英語、フランス語はもとより、ボーア人など欧州から入植した人の言語が現地化していったアフリカーンス語や、東部アフリカ沿岸地域の交易語として地元のバンツー語を土台にアラビア語と融合・発達していったスワヒリ語などがそれに該当する。

＊＊　アマドゥ・ハンパテ・バー――アフリカのマリ出身の伝承作家・歴史家で、哲学者、民族学者、詩人でもある。

とりわけ南部アフリカの地理的位置、風や海流あるいは沿岸地形は、すでに古代から広い範囲で形成されていたインド洋交流圏からの影響もおよびにくかった。文明史的にも南部アフリカは孤立していた。かつてデイヴィッド・リヴィングストン*やラドヤード・キップリング**といった人々の好奇心と探検欲は、逆にこうしたアフリカが元来備えていた不可思議さによって駆り立てられた面もあるだろう。

＊　デイヴィッド・リヴィングストン――スコットランド出身で、ベチュアナランド（現ボツワナ）に駐在したロンドン伝道教会宣教師・探検家。一八五五年にザンベジ川上流に大瀑布（ヴィクトリア滝と命名）を発見した後、五六年にモザンビーク北部テテ経由、同中部沿岸都市ケリマネに到達し、二年かけてヨーロッパ人として初めてアフリカ大陸横断に成功した。この探検中に見聞した奴隷貿易の実態がリヴィングストン『南アフリカ、伝道と調査の旅』（一八五七年）に書き込まれたことも、奴隷貿易廃止の流れに貢献した。

親日家でもあるケリマネ市長のマヌエル・アラウージョが冗談交じりに語るには、「土地の言葉を解さなかったリヴィングストンは、地名のケリマネを『人を殺せ！（Kill man!）』と聞き違えた。そのため彼の偉大さとその報告を絶対視した英国人は、ケリマネに人食い人種がいるものと思うようになった」よしである。なお、ケリマネはヴァスコ・ダ・ガマが第一回目の航海の際、デラゴア湾を経由した後に初めて上陸したモザンビークの土地である。

＊＊　ジョゼフ・ラドヤード・キップリング――ボンベイ出身の大英帝国探検作家で、第二次アフガン戦争後の英国とロシアの中央アジア地域における覇権争い、いわゆる「グレート・ゲーム」をその小説『少年キム』で世に広めた。キップリングは一九〇〇年頃南アフリカを訪れ、モザンビーク南部からインド洋に注ぐリンポポ川を「熱帯樹木をともなう大きくて灰緑色で脂ぎったリンポポ川」とその小説『象の子供』（*The Elephant's Child*）の中で表現している。明治時代の日本も訪れている。

しかし、みずからの体験として初めてアフリカの地に足を踏み入れて人々の営みを見るにつけ、文字を通じて得られる情報とはひょっとすると本来人間にとってさほど価値を持たないのではないかとの疑問も湧くようになった。情報の解釈と実践は、各世代と個人にこそ委ねられるべきもので、子供や孫といった次の世代の人々の考える力、あるいは聡さを引き出す口頭伝承の重要性こそ、特に現代社会では改めて問われるべきなのかもしれない。

効率的、戦闘的で複雑な社会と人間関係の形成こそ進歩だとすれば、文字による情報の蓄積がないことは過去の経験の共有には不都合であるのみならず、結果において社会の発展を阻害する要因でさえある。しかしそれはサブサハラ、すなわち北アフリカをのぞくサハラ砂漠以南のアフリカ、少なくともモザンビークの地に代々住んできた人々にとっては、長い歴史の経過の中でいかほどの意味があったのであろう。過去を正確・緻密に覚えておく必要性、あるいは絶対年代の観念の重要性は、「今、自分が生きている」時代と状況にしなやかに対応していくための人々の聡明さにくらべれば鴻毛より軽いのかもしれない。広大なアフリカ大陸に散在する伝統的社会はおのおのが自給自足的共同体で、古くから土地は個人にではなく「父祖の地」としてその集団によって活用されるべきものとされ、土地、ましてや財貨の蓄積は本来さほど意味を持たず、その集団をまとめ上げ、労働力を確保し続けることこそが何よりも重要であった。

ヨーロッパ人がアフリカに進出して

ヨーロッパ人の進出はこうした社会を変化させていった。アルジェリアと南アフリカを多少の例外として、初めの頃のヨーロッパ人はアフリカ各地の沿岸部に交易のための小さな港町（租界）を設けていったにすぎない。しかし、彼らはやがて緯線と経線と、そしてテーブルをはさんでの互いの駆け引きだけを根拠に、アフリカの地に自分たちの縄張りを示す境界を設けていった。こうして文化的には二〇〇〇以上の土着の集団が分断され、政治的な固まりとして存在した一万くらいのグループが、欧州列強の植民地や保護領としていわば強引に四〇ほどにまとめ上げられていったのである。

今のモザンビークを構成する四〇以上にのぼる諸部族も、かつては共同社会を形成していた。彼らは陸を介した周辺地域との交流だけでなく、同時に海を介して中東やアジアの諸地域、特にインドネシアやインド、そしてアラブとも交流を持ってきた。評価すべきは、彼らが基本的に温厚かつ我慢強い人々で、互いに宗教を異にしても共存し配偶することを自然と捉えてきた点である。しかし、とりわけ一六世紀から一八世紀、あるいは一九世紀初めにかけての活発な奴隷貿易によって働き盛りの原住民が複数世代にわたって「殲滅」されたことと、その後のポルトガル植民地時代に現地住民への教育が等閑視されたことは今なお影を落としているように思われる。

そう考えるためか、時に彼らが見せる所作の中に、己れの今現在の行為と自分たちの過去に対する自信のなさが垣間見られるようで悲しさを感じることがある。この土地の歴史、自然、そして政治や経済と呼ばれる人々の営み、あるいは域外世界との交わりの何がこうした状況につながっているのであろうか。そもそも世界の歴史に南東部アフリカはどう関わってきて、その中でモザンビークはどのような位置を相対的に占めてきたのであろうか。

「モザンビーク」

なお、歴史上、南東部アフリカにおいて、現在の「モザンビーク」に対応する社会的、政治的まとまりがあったわけではない。「モザンビーク」とは、もっぱら、諸列強との関係において、ポルトガルが南東部アフリカに領有する植民地にかかわる観念である。後で触れるように、その名前の由来は、一四九八年、アフリカ大陸に入ったヴァスコ・ダ・ガマが、対面したスルタンの名前にちなんで、船が停泊していた島を「モザンビーク島」と命名したことにはじまる。この「モザンビーク島」が長年、ポルトガルの南東部アフリカ植民地経営の拠点となり、結果、周辺の植民地域もモザンビークと考えられるようになった。

ただし、ポルトガルは、スペインとの一四九四年トルデシリャス条約により、地中海の外の世界となるアフリカはみな潜在的に自分のものと観念していて、南部アフリカの特定地域のみがポルトガル植民地という認識はなかったにちがいない。それが、各列強のアフリカ進出で次第におびやかされ、一八八四年から八五年のベルリン・コンゴ会議でたがをはめられる。さらに一八八〇年代にポルトガルが描いたアフリカ大陸を横断する「バラ色地図」もイギリスにとがめられて、一八九一年イギリス・ポルトガル条約で、南部アフリカの中央部――現在のザンビア、ジンバブエ、マラウイにあたる地域――の領有をあきらめ、西岸のアンゴラ、東岸のモザンビークにあたる地域に植民地が限定された。これによって、領域を確定した地域としてのポルトガル領東アフリカ（＝モザンビーク）が登場する。

長年、蚊帳の外に置かれてきた現地の人々にとっては、さらに遅れて二〇世紀、第二次大戦後に、ポルトガル植民地からの独立という目標が現実のものとなるなかで、「モザンビーク人＝我が同胞」という認識が生まれてきた。本書では、現在のモザンビークにあたる地域を、便宜上大ざっぱに「モザンビーク」として書いていくことを、お断りしておく。

第一部
植民地主義にさらされたアフリカ

南ア・クルーガーランドへ続く川にて（水谷祥子撮影）

第1章　大航海時代と南東部アフリカ

以下、第一部各章では、モザンビーク独立にむけて、周辺の南東部アフリカ諸地域をふくめて、大航海時代から植民地時代、そして植民地独立への流れを、特徴的なトピックをたてて紹介していきたい。

1　南東部アフリカでの初期国家の形成

リンポポ川渓谷周辺

南東部アフリカでは、今日のモザンビーク中部、ザンベジ川とリンポポ川の周辺地域、特に両河川にはさまれた地帯の自然は、その西側に広がる高原地帯とともに比較的恵まれた地域だといってよい。高原の北東、東、そして南西部縁辺では砂金も産出したことから、一〇世紀中頃からインド洋商業圏とのつながりが生ずるようになったものと考えられる。ヨーロッパ人が進出する前の南東部アフリカで比較的大きな国家的集団が見られたのはこの地域のみである。

このリンポポ渓谷、つまりモザンビークのガザ州州都シャイシャイでインド洋に流れ込むリンポポ川の上流、南アフリカ、ボツワナ、そしてジンバブエ三国が国境を接するあたりには、すでに紀元七〇〇年～一三〇〇年頃にかけて比較的大きな集落（トウツェ遺跡）があったことが考古学的に証明されている。そして一〇世紀から一三世紀にかけては南部アフリカ最古のマプングブエ王国がトウツェ国を征服し、リンポポ川中流域で牧畜を行い繁栄した。彼らは産出する象牙や金、あるいは金の工芸品を元手にインドや中国とさかんに交易していた*（図1）。

＊　マプングブエの都市遺跡は、二〇〇三年にユネスコの世界遺産に登録された。マプングブエ王国の衰退には急激な気候変動と旱魃によるリンポポ川の輸送能力低下が作用したといわれる。

現在のジンバブエがある地域の人口の約四分の三を構成するショナ族の先祖は、一三～一五世紀にかけてハラレの南方、モザンビーク国境から約二〇〇キロメートルの高原にジンバブエ王国を繁栄させ、彼らは世界で二番目に大きい石造建築遺跡「グレート・ジンバブエ」を今に残した*。

＊　この石造遺跡はすでに八世紀頃、同じショナ語族によってまず一部が建立されていた。「ジンバブエ」とはショナ語で「石の家」の意味。これにちなんで一九八〇年に南ローデシアから独立の際に国名がジンバブエとなった。石造建築遺跡グレート・ジンバブエは一九八六年に世界遺産に登録された。

その最盛期である一四世紀にはグレート・ジンバブエでは二万人ほどの人々が生活していたという。位置的近接と時期的な盛衰を考えると、おそらく高原地帯とインド洋沿岸との間の交易路

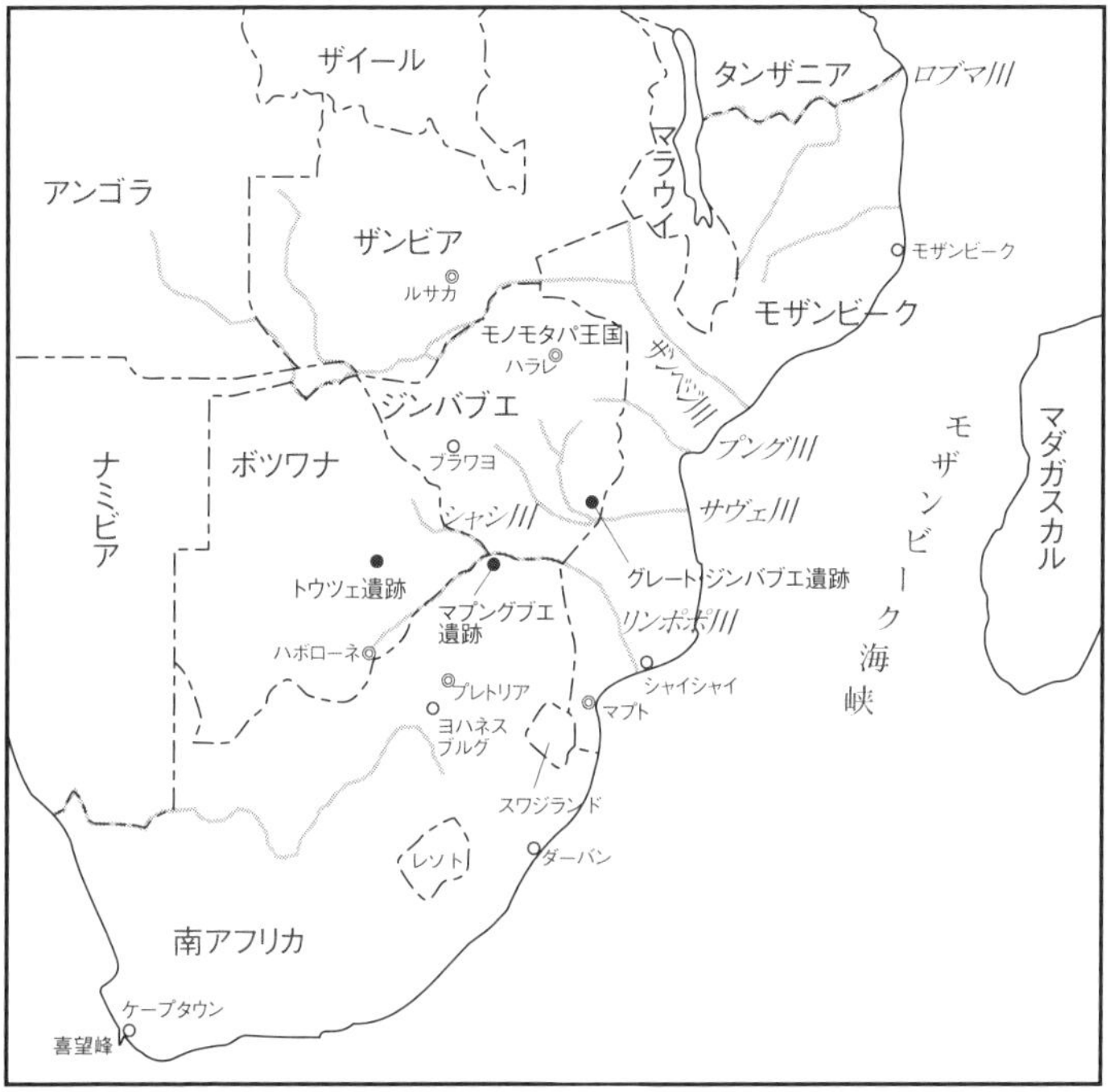

図１　南東部アフリカと遺跡群

支配をめぐって、ジンバブエ王国はマプングブエ王国をしのいで台頭していったのではなかろうか。

アラブ世界との交わり

引き続き一五世紀から一七世紀にかけては、モザンビーク北部からザンベジ川を遡航してジンバブエに入ったあたりでモノモタパ王国がインド洋交易を通じて隆盛した。彼らは金や象牙、あるいは労働力（奴隷）をペルシアやインドへ運び、中国のガラスや刀剣、そして陶器と交換した。この王国はショナ族による部族連合的王国であった。その傘下にはサヴェ川流域のマダンダ王国、プング川上流のマニカ王国、ザンベジ川流域のバツワ国など小王国が存在し、一時はポルトガル人に対して反乱を仕掛けたこともあった。

しかしそれらはやがてアラブ商人との長い関係が腐敗するようになって社会としても堕落し、ンゴニ族など南方からの勢いある諸部族と、一方で徐々に高原地帯まで影響力を拡大してきたポルトガルの圧迫により滅ぼされたといわれる。モザンビーク北隣りの現マラウイでは一四〜一八世紀にマラヴィ（炎の大地）王国が栄えていた。

東南部アフリカではこういったアフリカ土着民の王国が他にも存在したが、不幸にもその多くは河川流域の変化等々、自然条件に左右されて直線的な発展とは無縁であった。しかも彼ら土着の王国は、同類部族間の策謀と内紛に足を取られてしまうことも多く、やがてポルトガルをはじめとする外国勢力に翻弄され続ける中、それぞれが勢いを急速に失って消滅していく。アラブ商人は大三角帆のダウ船と季節風（特に南西モンスーンは「ヒッパロスの風」*として敬われた）を活用して七世紀以降アフリカ大陸に進出、スワヒリ語圏の港町との間でインド洋交易を活発に行っていた。

＊「ヒッパロスの風」とは、いわゆるモンスーン（季節風）のことで、ギリシア人舵手の「ヒッパロス」によって発見された。紅海・インド間の海上交易路発展の大きな要因が「ヒッパロスの風」で、無名のアレキサンドリア在住の著者による一世紀頃の航海案内書『エリュトラー海案内記』でも言及がある。ヒッパロスが実在の人物かどうかは定かでなく、実在したとすれば紀元前一世紀前半の人だとされる。インド人航海者は、それより前からモンスーンについての知識があり、それを利用してインドから紅海沿岸に頻繁に航海していた記録も残ることから、ヒッパロスはその歴史的な発見を象徴する伝説上の人物にすぎないように思われる。

さらにアラブ商人は一六世紀以降、地元に昔から存在した「富としての労働力（奴隷）をやりとりする」風習に着目して奴隷貿易に精を出すようになった。一五世紀前半には明朝（中国）の永楽帝が派遣した武将、鄭和の指揮する南海遠征艦隊（の分遣隊）が現タンザニアのマリンディにまで到達している。

ポルトガルは産出する金や象牙の独占を試みていたし、それらが織りなす状況の下で一七〜一八世紀にかけては一方で英国が、その本土とアメリカ大陸および西インド諸島、そしてアフリカ大陸とを結ぶ大西洋三角貿易[*]をさかんに行って自国の富を蓄積した。

＊　大西洋三角貿易ではアフリカの奴隷（いわゆる「黒い荷物」）を西インド諸島のプランテーションに送って砂糖や綿花（いわゆる「白い荷物」）、あるいは染料を大量安価に生産し、それらを英国本土の工場に送り、毛織物、ガラス製品、そして金物に加工する。完成した加工品はアフリカはじめ世界各地に輸出されて大きな利益となった。この一航海サイクルは一年半から二年の長さであった。こうして英国に蓄積された富はやがて一八世紀半ばから一九世紀初めの産業革命を引き起こす動力となり（資本の本源的蓄積期）、同時に植民地アメリカの将来にわたる発展の基礎を形成した。ポルトガルでは一六世紀中頃、リスボンの人口約一〇万人の一割を奴隷が占めていた。後の一八世紀にジンバブエ高原など内陸部での金や象牙の産出が減少すると、ポルトガルは奴隷貿易を活発化させた。そのためザンベジ川流域のテテやセナの町は、奴隷積出しの中継地として活況を呈したという。

2　大西洋三角貿易と奴隷取引

奴隷貿易

大西洋三角貿易の発達は一六世紀中頃からであるが、これには三つのきっかけがあった。一つには一六世紀に入ってポルトガル、スペイン、続いてオランダ、英国、そしてフランスが西インド諸島や南北アメリカ大陸で欧州市場を意識して大規模農場を開始したこと。二つ目はその大規模農園が必要とする多くの労働力を、地元のインディオだけでは数的に賄い切れず、しかもモンゴロイド系である彼らの体格が小柄なために激しい労働には不向きとされたこと。そして三つ目としてすでに九世紀末から地中海東方域で砂糖生産のために奴隷を使う習慣が存在し、ヨーロッパ人に馴染みがあったことである。

いったんは下火となった時期もあるが、一九世紀前半まで続いた奴隷貿易は都合一五〇〇~三〇〇〇万人にのぼるアフリカ人を奴隷として父祖の地から引きずり出したといわれる。アフリカ大陸、特にサブサハラでは人口が希薄なまま手工業さえ発達しなかった事実の説明として、飢饉や疫病といった過酷な生活条件のほか、この奴隷貿易により何世代にもわたる働き盛りの青年男女層が簒奪されて人口構成から脱落したこと、安価な欧州産品に駆逐された地元産業が衰退し、当然それにともなって関連技術も停滞したままとなってしまったことなどが指摘されている。

ポルトガルとアフリカ大陸

モザンビークの旧宗主国ポルトガルのアフリカ大陸との関わりは、後に「大航海時代の先鞭をつけた」とされるエンリケ航海王子が、一四一五年にジブラルタル対岸の北アフリカ・セウタを攻略した時にさかのぼる。ポルトガルは欧州の周辺国であり、隣接する大国スペインやフランスへの脅威から、イベリア半島の陸側ではなく大西洋側を生存のための活路として意識していた。しかも、かつて八世紀初めにアラブ人がイベリア半島を縦断、欧州を席捲してポルトガルがその後約五〇〇年にわたって高度なイスラム文化に支配された経緯から、すでにポルトガルには地図や天文図の作成方法、あるいは外洋向きの造船技術が移植されていた。大航海時代幕開けの準備は整っていたといえる。

セウタ攻略で名を上げたエンリケ王子の命により、ポルトガルは一四一九年からアフリカ西海岸方面の探検に着手し、そして一四四一年にリオデオロ（当時モロッコ）から奴隷を連れ帰ったことで「初めてサブサハラで組織的な奴隷貿易に着手した国」となった。エンリケ航海王子の方針を継いだマヌエル一世王は、後の一四九七年にヴァスコ・ダ・ガマの艦隊を派遣する。このポルトガルの東方インド航路開発にかける熱意の背景には、覇を競うスペインとの間で勢力分界を取り決めた一四九三年の教皇子午線と翌一四九四年のトルデシリャス条約の成立もあった。*すでにスペインは一四九二年にコロンブスがアメリカ大陸を発見していた。

＊　ローマ法王ニコラウス五世は一四五五年にポルトガルに対し、キリスト教布教の過程で「発見」され、さらに将来「発見」されうる非キリスト教世界の支配権と貿易独占権を承認する教書（ロマーヌス・ポンティフェックス）を与えた。当時ポルトガルはインドからの香料や香辛料、綿や絹、そしてアフリカからの象牙や金、あるいは黒人奴隷の獲得を意識しつつ、スペイン勢力の海外伸張と張り合った。一四九二年のコロンブスのアメリカ大陸発見も、ポルトガルから見ればスペインによる己れの支配領域に対する侵犯であり、そのため両国はローマ法王アレクサンデル六世の調停による一四九三年の教皇子午線と、それをさらに二国間で修正した一四九四年のトルデシリャス条約を以て、西経

四六度三七分の東側での新発見領土はポルトガルに、西側はスペインに属することとした。後の一五二九年には両国はサラゴサ条約を新たに結んで、東経一四四度三〇分の分界線の東をスペイン、西をポルトガルの勢力圏とした。当時、地球球体説はなお定着していなかった。

一方、大航海時代の始まりによって、それまで地中海貿易を通じて勢いのあったヴェネチアは打撃を受けて衰退してゆく。当時の国際政治・経済の舞台は地中海から大西洋に移っていったのである。その後の奴隷貿易には盛衰が見られるが、モザンビークでの奴隷貿易の最盛期は一八二五年から三〇年で、年間約二万人の奴隷が米国やブラジルに向かったとされる。東南部アフリカから奴隷を商品として商うことで利益を貪ったのは、当初はアラブ商人、一六世紀から一七世紀にかけてはポルトガルやオランダで、一八世紀以降には英国やフランスもそれに加わった。奴隷貿易禁止の潮流が国際社会に生まれるのは一九世紀半ばを待たなければならない。

奴隷取引の浸透

同時に忘れてならないのは、アフリカの諸部族の中にも奴隷貿易に手を染めることで繁栄したものがあったことである。たとえば現在のガーナで一七世紀に生まれたアシャンテ王国は、奴隷貿易による富を元手に軍事力を整えて一九〇二年まで存続した。しかし、伝統的に家族や部族を核とする共同体を形成して農耕や狩猟、あるいは漁業に従事しながら自給自足的に生活してきたほとんどのアフリカ大陸の人々、とりわけ沿岸地域を生活の場とする諸部族は、より強力な部族にとってはもちろん、それらと手を組んだ奴隷商人たちにとっては格好の餌食であった。アフリカにあって「富」とは古くは牛、そして人間の「労働力」であった。

相対立するグループの抗争は戦争奴隷を生み出し、抗争の勝利者はそうして「労働力＝富」を得た。強者はその立場をさらに強めるべくその富を使う。域外経済圏との交易の一類型としての奴隷売買は、こうして一五世紀頃からアフリカ全体を巻き込んでいったものと思われる。

そして奴隷貿易の「うま味」から、一八世紀にはそうした外部からの侵入者による行為は内陸の諸部族にも波及していく。中にはニアサ湖（マラウイ湖）周辺のヤオ族など、もともとの勇猛さで他部族を屈服させ、降った者たちをタンザニア沿岸のキルワやバガモヨ、あるいはモザンビーク沿岸のモスリールやアンゴシェ、ケリマネ、あるいはソファラ、イニャンバネに移送して、それら港町に拠点を置くアラブの奴隷商人に売り渡すことで積極的に奴隷貿易に貢献した部族もあった。

それら当時の「勝ち組」部族は一時的に繁栄したかもしれないが、当然のことながら奴隷貿易は全体としてアフリカから労働力を奪い、その生産人口を減少させ、家族やグループといった社会構造の基本を破壊し、知識や経験の集積を妨げ、自治能力と生産能力も長期的に低下させた。欧州産品の流入で伝統的手工業・産業も壊滅し、人々は労働力確保のための戦争と分裂に明け暮れた。その結果、一部土着の有力者、あるいは有力部族のみが力をつけ、それがさらに奴隷貿易を活発化させた。この悪循環は、経済の拡大にとって奴隷貿易という形態自身がボトルネックとなるまで、すなわち、アフリカを労働力供給地としてではなく、むしろ市場として見ることに魅力を感じる産業資本家が産業革命を経て台頭する一八世紀末まで繰り広げられた。

奴隷貿易への抵抗

むろん、そうした流れに対し、数少ないながらも奴隷貿易に抵抗を示したアフリカの王国があった。たとえばコンゴ王国（一四〇〇～一九一四年）のジョンガ族首長ムベンバ王は一五二一年にポルトガル王ジョアン三世に抗議の手紙を送っているが、ポルトガル側は結局これを無視した。

その後、モザンビークの北部ではマジンバ族が一五七二年から九二年にかけて反ポルトガル戦争を戦ったし、アンゴラのマタンバ王国のムバンディ女王は一六四一年から五七年にかけてオランダの支援を得て対ポルトガル戦争を戦った。*

＊ その他、奴隷貿易が発達した大航海時代にサブサハラに存在した「現住民による」王国としては、マリ王国（一二四〇～一六四五年頃）、ソンガイ帝国（一四六四～一五九〇年頃）、ベニン王国（一二世紀～一八九七年）、カネム・ボルヌ帝国（七〇〇年頃～一八九三年）などの名が見られる。

ムバンディ女王は今なおアンゴラでは反圧政闘争の戦略家として尊敬されているが、こうしたアフリカ土着の国々の抵抗も、やがて産業革命を経ていよいよ強力な火器を備える西欧列強の前には蟷螂の斧であった。

第2章　欧州列強のアフリカ植民地化

1　産業革命とアフリカへの関心

植民地化に対する抵抗運動

一八世紀後半に英国から始まった産業革命の波及とそれにともなう家内制機械工業から工場制機械工業への移行といった国民経済の拡大は、労働力としての奴隷に対する需要を急速に高めた。そして次にその調達・輸送がボトルネックとなると、むしろアフリカを領有することで原料供給を確保し、かつ現地生産で労働力を搾取しながら市場化してゆくことに西欧諸国は関心を持つようになった。軍事・外交全般で陰陽の工作が開始され、やがて「未開のアフリカ人を解放する文明の使者」という触れ込みで、現代にいうところのソフトパワーさえ駆使する帝国主義・植民地主義の時代が始まる。

こうした一九世紀以降の流れに対し、アフリカ各地の土着王国のいくつかから再び抵抗運動が湧き上がったのも自然であった。一九世紀前半にはマダガスカルのメリナ（ホヴァ）王国がフランスに抵抗を開始したものの同世紀末にはついに頓挫した（フランス・ホヴァ戦争、一八八三〜九六年）。

一九世紀半ばにはバストランド（現レソト）のバスト族モシュシュ王とその一族は、ボーア人（オランダ系）やケープ植民地（オランダ・英国系）に併呑されそうになったものの、こちらは外交力を駆使してみずから英国王室の保護領になってしまうという奇策で存続を維持した。包囲を受けて山中に追い込まれたモシュシュ王はヴィクトリア英国女王宛に庇護を求める手紙を認め、その中で「自分たちを女王陛下の敷布に隠れるノミだと思って赦してほしい」と記して部族の存続を確保した。ベチュアナランド（現ボツワナ）のツワナ族やスワジランドのスワジ族もこれにならった。レソトとスワジランドは、今日にいたるまで小さな王国として存続している（Meredith. *The State of AFRICA*）。

欧州列強による植民地化をかろうじて回避した稀有な例はエチオピアであった。エチオピアは一八九六年にアドワの戦いでイタリアを撃退して独立を保ったことからエチオピア帝国として国際的に承認された。一方、同じ頃スーダンではエジプトの支配に頑強に抵抗してきたマフディー教徒を、すでにエジプト政府に深く関与していた英国が、ライバルであるフランスのアフリカ横断政策を牽制する意も込めて、みずから徹底的な鎮圧に乗り出すことで最終的にこれをエジプトと共同で支配下に置くこととなった。この戦いは世にマフディー戦争（一八八一〜九九年）と呼ばれる。

列強間の抗争

貪欲な西欧列強によるアフリカ植民地化の行動は、その過程で多くの利害対立を列強相互間に招くとともに、結果的に元来多様性を持つアフリカ諸国のその後の歴史的発展にもさらに複雑な影響を残すこととなった。たとえばスーダンのファショダでは、アフリカ横断政策を採るフランスと縦断政策を採る英国の軍隊が一八九八年にナイル川畔で遭遇し、一触即発のにらみ合いとなった（ファショダ事件）。この時はフランスが譲歩して英国のスーダン支配が確定したが、この和解を経て英国とフランスがそれぞれエジプトとモロッコを勢力圏化していくの見た新興ドイツの皇帝ヴィルヘルム二世は、フランスのモロッコ進出を掣肘せんと二度にわたって同地で緊張状態を創り出した（一九〇五年のタンジール事件と一九一一年のアガディール事件）。

こういった列強同士の争いで蚊帳の外に置かれた現地アフリカ社会にとって、宗主国が間接統治方式を採ったか（英国）、あるいは同化主義に依ったか（フランス）、あるいはモザンビークのように貿易上の利点から獲得された植民地だったか（ポルトガル）、それとも英領ローデシアや南アフリカのように土地や鉱物資源に着目した植民地支配であったか等々の差異は、それら植民地が独立した後々の歩みにいたるまで影響と痕跡を残している。

ベルリン・コンゴ会議

列強相互の利害対立の調整がアフリカの完全な分割をもたらし、その後の植民地的従属とそれによる資本主義体制への組み込みの世界史的端緒となったのがベルリン・コンゴ会議（一八八四年一一月〜八五年二月）であった。当時、ジャーナリストだったヘンリー・M・スタンレーのコンゴ川探検によりベルギー国王レオポルド二世の私有地となったコンゴ盆地「コンゴ自由国」をめぐり、他の欧州列強はコンゴ川の自由航行とコンゴ盆地での自由貿易を要求して対立していた。一八七一年に統一国家となったばかりの新生ドイツ帝国は、その国威発揚とともに他国に劣後することなく国益を追求すべく、宰相ビスマルクがイニシアティブをとってベルリンにおいて関係列強の利害調整のための国際会議「ベルリン・コンゴ会議」を開催した。

参加した欧州列強一三ヵ国*は、ベルリン・コンゴ会議開催の発端となったコンゴ盆地の扱いだけにとどまらず、アフリカ原住民の意向は何ら忖度せずに、机上の地図による議論だけでアフリカ大陸全域の分割までも完了してしまった。

＊ ベルリン・コンゴ会議の参加一三ヵ国は、ドイツ、英国、フランス、イタリア、米国、ロシア、オランダ、オーストリア・ハンガリー帝国、スペイン、ポルトガル、スウェーデン・ノルウェー連合王国、オスマントルコ帝国、ベルギー。さらに、ベルギー王レオポルド二世の私的利害を代表するコンゴ国際協会もオブザーバー参加した。

これによってアフリカ大陸の九〇%、つまりエチオピアとリベリアを除くことごとくが欧州列強の領土とされた。このベルリン・コンゴ会議は、後の国際法上の領土獲得の条件となる「無主地先占」「実効支配」の法理が確立する機会ともなった。

この一九世紀末の帝国主義の黎明期、圧倒的な軍事力を前面に出し、時に水面下で互いに調整を行いつつ植民地化を進める西欧列強に対し、みずからの土地を守るアフリカ側はその広さも災いして横の連携がうまくとれず、部族単位での抵抗に終始とどまったこともその後の運命に大きな傷跡を残した理由の一つである。

三角貿易から植民地主義、そして帝国主義の時代へと移るにつれ、アフリカの地に欧州列強の影響がさまざまな形で影を落としてゆく。列強はそれぞれ特許（勅許）会社を設けて植民地経営にあたらせるなどして国家自身が負う開発リスクを避ける一方、それら特許会社は本国政府の後ろ盾の下に権力を行使した。彼らは原住民首長を説き伏せることで得た開発ライセンスをしばしば拡大解釈して鉄道や道路を建設し、さらには土地収奪や強制労働さえ強いた上に、あまつさえ徴税までも課すようになる。*

＊　各列強は植民地に対する主権を維持しつつ、リスクを避けるために特許会社を設けて植民地統治・経営を行わせた。本質は利益至上主義であることからその領域は「会社統治領」とも呼ばれる。特許会社の「特許」とは、帝国主義の時代にあって、王室あるいは政府が、例外的に権利能力を民間に対して免許の形で設定し、本国への利益還流も視野に、自国の植民地と見なされた地における排他的な事業独占権を付与することであった。

植民地側には基本的に工業力は与えられず、資源が搾取された。そして彼らは奪われた資源を用いて作られた製品を買わされ、二重に搾取された。列強によるそうした支配パターンは、フィリピン、インドネシア、あるいはマレーといった東南アジアの植民地でも見られるようになる。

2　ポルトガル人のアフリカ進出

奴隷貿易と宗教

エンリケ航海王子の指揮下、喜望峰を回ったバルトロメウ・ディアス、そして東アフリカ海岸をさらに北上してインド洋航路を開いたヴァスコ・ダ・ガマ派遣の後、ポルトガルは東洋航路維持に必要な補給基地を南部アフリカ西岸のルアンダ（アンゴラ）や同東岸のモザンビーク島に設けた。それらの地には商館など必要な建物が造られたし、さらにポルトガル人は今日のモザンビークのセナやテテといった内陸地方を探検して拠点を設けた。

彼らは金の採掘や交易のほか、現地部族間では労働力としての奴隷のやりとりに価値が認められているのを知る。そして彼らより一足早くアフリカ東海岸の町に定住して東方貿易を行っていたアラブ商人との間で、商品としての奴隷をやりとりしておおいに利益を上げた。アラブとの交流により東アフリカ沿岸部ではイスラム教徒の数が増えていったが、イスラム教徒を奴隷にすることはそもそもシャリア法が禁ずることから、勢い奴隷供給地はいまだイスラム化していない内陸へ奥地へと必然的に延びていった。

一方、ポルトガル人と当時行動をともにしたイエズス会宣教師は、法王ニコラウス五世の一四五五年教書（ロマーヌス・ポンティフェックス）の文言中に、異教徒を奴隷化することの道義的根拠を見つけて奴隷貿易を支持・勧奨していた。こうした歴史的事実は、後のモザンビーク独立後に政府フレリモとカトリック教会との関係がしばらくの間しっくりしなかった淵源でもある。ポルトガルの進出はアラブ人よりも資産管理の計数処理に長けていたインド人の活躍の場も徐々に増やすことにつながったので、それによりインドと南東部アフリカの通商も増えていった。

現在の国名「モザンビーク Mozambique」は、一四九八年にモザンビーク島*に南から到達したポルトガル人ヴァスコ・ダ・ガマが、同地支配のスルタンと会見した際、同スルタンがムーザ・アル・ビック（Musa al bique）と称したことにより、同島を「モザンビーク島」と命名したことに由来する。同島がある北部モザンビークは、当時、現タンザニアを中心とするスワヒリ文明の影響下にあった。

＊　モザンビーク島はフランシスコ・ザビエルはじめ多くのイエズス会神父が日本に向け出帆した経由地で、天正遣欧使節もローマからの帰途に南西季節風「ヒッパロスの風」の順風を待って一五八六年九月から翌年三月まで同島に滞在した。同島には、そこで客死した日本人と日本に赴く直前に病死した神父の墓も残る。

スワヒリ文明

南部モザンビークではヴィランクール周辺のチブイネ遺跡など、すでに一二世紀頃から一定の期間、先に触れた内陸部のマプングブエ王国やジンバブエ王国とインド、アラブ諸国とをサヴェ川沿いのルートで結ぶ、交易拠点が存在したことが考古学的に示されている。

スワヒリ文明とは、インド洋交易によって栄えた東アフリカの島嶼部の都市群を中心とした海洋文明で、イスラム教を生活規範としつつアラブ・ペルシア系文化と土着のアフリカ農耕文化の融合により生まれ、その地域共通言語としてスワヒリ語*がある。

＊　六世紀に誕生したイスラム教は七世紀末にはアフリカ東海岸に到達しており、スワヒリ語もその原型は一〇世紀ごろにはできていたとされる。

また、インド洋交易は主にアラブ商人により担われていた。彼らは大三角帆布を張ったダウ船で冬から早春に季節風（モンスーン）を利用してアラビア半島方面からアフリカに航行して沿岸貿易をさかんに行い、逆に晩春から初秋にかけて東アフリカからアラブ、インド方面に向かって吹く「ヒッパロスの風」を利用してもどって行った。こうした長い歴史もあり、全国平均約六〇％の人がキリスト教徒であるモザンビークだが、北部ではなお人口の約七割をムスリム教徒が占める地域もある。

インド人もこのダウ船を利用して昔から東アフリカで商いを行っていたが、彼らヒンドゥー教徒はイスラム教徒と異なって利息をとれることから、キャラバンを用いての沿岸部から内陸部へのビジネス拡大に際しては彼らの資本がものを言った。タンザニア沿岸部では遺跡からミナレット（回教寺院の尖塔）が発掘され、そこに中国製陶器が埋まっていたという話もある。モザンビークではインド系住民の末裔とされる人々が今なお多い。

アフリカには八〇〇以上の部族が存在し、その固有言語は六〇〇以上にのぼるといわれる。同じ語族間でも意思疎通できない場合もあったようで、古くから交易で結びついた東アフリカ沿岸地方のスワヒリ語の例に見るように、アラビア語など外来語の影響を受けた地域共通言語も発達した。それらは部族や国家とは別に一種の文化圏を形成した。現在のモザンビークがある地域を生活のベースとする主要部族には、北からマコンデ、ヤオ、ニャンジャ、チュワ、マクワ、ロムウェ、ンゴニ、セナ、ショナ、ンデベレ、シュワボ、そしてツォンガ等々四三に及ぶ言語集団があった。

交易拠点

ヴァスコ・ダ・ガマのモザンビーク島到達自体、当時の海運国ポルトガルの利益、すなわち喜望峰をさらに東に回り込むことで胡椒や香料の主要生産地インド西岸と欧州を結ぶルートを確保することに主眼があり、それを意識したエンリケ航海王子の下での国家的プロジェクトであった。ガマは一五〇二年にモザンビーク島に再来し交易拠点の建設に着手する。そして一五〇七～〇八年にかけてサン・ガブリエル砦がまず完成した。

サン・セバスティアン砦（在モザンビーク日本大使館提供）

ポルトガル人の同島への本格的植民はこの頃から始まり、一五二二年には島の北端に南半球で初めてのヨーロッパ式建築、ノサ・セニョラ・ドゥ・バルアルテ礼拝堂が設けられた。インドのゴア、そしてマラッカからマカオにいたる東方貿易のルートを安定的に確保する海軍基地としてモザンビーク島は機能し、一五五八年から一六二〇年にかけてはオスマントルコの脅威に備えるべく島の北端にサン・セバスティアン砦が建設された。

そのオスマントルコは地中海世界を制覇するかと思われたが、ギリシア西海岸のレパント沖で一五七一年にスペイン王フェリペ二世率いる西欧艦隊に打破された。日本との関係でも、フランシスコ・ザビエルが一五四二年にモザンビーク島を出発してインドのゴア経由で一五四九年に鹿児島に着いている。織田信長から日本名を賜り、侍としてとりたてられた「ヤスケ」がポルトガル人宣教師の従者として日本にやってきたのは、一五七九年頃のようだ。この「ヤスケ」はモザンビーク島周辺に多いマ

正面奥にモザンビーク島旧総督府（絵はがきより）

クワ族だったと思われる。

さらに少し後の一五八六年から翌年にかけては天正遣欧使節も日本への帰途にモザンビーク島で風待ちをした。一七世紀初めにサン・セバスティアン要塞*は、同じく東方貿易の拡張に益を見いだすオランダからの計三回、ほぼ五年にわたる猛攻にも耐えている。この後オランダは大陸南端のテーブル湾方面に進出する。

＊　一九九一年にサン・セバスティアン要塞はユネスコ世界遺産に登録されており、日本政府はユネスコ信託基金を通じ、二〇〇四年より〇九年にかけて要塞の修復事業に協力した（予算総額約一一一万ドル）。フランシスコ・ザビエルも要塞先端のバルアルテ礼拝堂を使用したといわれる。同礼拝堂の床には神父たちの墓があるが、その

中では日本をめざしながらもモザンビーク島で一五八八年に客死した神父の墓が最も古い（Schauer. *Mozambique*）。モザンビーク島攻略をあきらめたオランダは一七世紀後半から、現在の南アフリカ共和国のケープタウンに入植して東方貿易の中継地とした（ケープ植民地）（ユネスコ文化遺産保存日本信託基金『モザンビーク島――サン・セバスティアン砦再生への歩み』二〇〇九年）。

ポルトガルは一六世紀中頃までは、中部の海岸都市ソファラに要塞（サン・カエターノ要塞）を作って拠点とし、アラビア商人を排除しつつ先述のモノモタパ王国（特にその傘下のマニカ王国）との金や象牙の取引を独占してきたが、一七世紀後半にモノモタパ王国から独立したチャンガミレ王国による圧迫や、ソファラの海岸浸食もあって徐々にインド交易の拠点をモザンビーク島へ移していった。

初代チャンガミレ自身はもともと、モノモタパ王コンブエの下で当時貴重な財産であった牛の監督責任者を務めていたが、独立して一族で高原地帯の南西部に本拠を構え、モノモタパ王国と協力してポルトガルの高原地帯進出を排除した。チャンガミレ王国自身はンデベレ族に吸収される一九世紀まで存続した。

ポルトガル植民地の拠点はこのモザンビーク島にすでに一五〇七年から置かれており、一七六三年からは直轄植民地として総督府が置かれた。モノモタパ王国やチャンガミレ王国はショナ族中心であったが、この頃モザンビーク北部には織田信長の従者となった「ヤスケ」もその出身であろうとされるマクワ族や、現在のニュシ大統領のマコンデ族、あるいは好戦的なヤオ族といった部族が並立しており、一八世紀には部族間の争いの副産物として多数の奴隷がモザンビークで生み出されていた。

3　オランダの台頭

ポルトガル本国はしかし、一六世紀末から輝きを失っていく。一五六八年からオランダが独立戦争に向かい、ドイツ三〇年戦争（一六一八～四八年）を経て最終的にスペインから独立するのに対し、国力挽回を狙うスペイン・ハプスブルク家の王、フェリペ二世は、その間ポルトガル王位継承権を主張して一五八〇年にポルトガル王フェリペ一世となって事実上ポルトガルを併合してしまう。

新興国オランダは、バルト海貿易で富と技術と海運業ノウハウを蓄積し、一六〇二年にはそれまで乱立していた貿易商会を統合してインドネシアにオランダ東インド会社（連合東インド会社）を設けた。そして東方航路を開発して徐々に制海権を拡大していった。世界初の株式会社とされるオランダ東インド会社は、行政、司法、外交の権限まで母国から委任された一種の準主権国家であった。後の一六二一年に設立されたオランダ西インド会社もオランダ政府から奴隷貿易の独占権を付与され、大西洋奴隷貿易でもオランダはポルトガルをしのぐ勢いとなった。

一方、ポルトガルの植民地ブラジルでは一六九三年に金鉱が、一七二七年にはダイヤモンド鉱が発見された。これは一八世紀の「近代ポルトガルの黄金時代」に花を添え、植民地ブラジルの爆発的経済成長とともにポルトガル本国からの移住者の増加をもたらした。こうしたブラジルの繁栄は、後のナポレオンによる圧迫を直接のきっかけとするポルトガル王室のリオデジャネイロ遷都（一八〇八年）の前提を形成してゆくが、それはかえって後々植民地ブラジルの自信につながり、一八二二年のポルトガルからのブラジル独立を招き、それによってさらなるポルトガル本国の低迷と同時に、そのアフリカ植民地支配の強化につながってゆく。

ケープ植民地

オランダ東インド会社は東インド航路の補給基地建設の必要からアフリカ大陸南端ケープ地方のテーブル湾に着目し、ヤン・ファン・リーベックをリーダーとして基地設置の先遣隊を派遣する。そして一六五二年、リーベック率いるオランダ船三隻の乗員とその家族一二〇人が史上初めて同湾から上陸した。彼らは社宅を含む関係施設を建設、入植して現地住民であるコイコイ族やコーサ族と交易するようになった。次第に入植地は拡大し、それとともに原住民と白人の婚姻も進み、混血児はカラードと称された。

一六四八年のウェストファリア条約によりネーデルラント連邦共和国として独立したばかりのオランダは本国からの移民もおおいに奨励した。移民の多くはオランダ出身の農民（ボーア）であったが、一六八五年にルイ一四世が新たにフォンテーヌブロー勅令を発し、プロテスタント

（新教）を許容していたアンリ四世のナント勅令*を廃止したのをきっかけに、フランス本国を追われ国外に逃れたユグノー教徒の多くが、オランダ経由で糧を求めてケープに向かうようになった。

＊ ナントの勅令は一五九八年にフランスのブルボン朝最初の国王アンリ四世が発した勅令で、プロテスタントの信仰を認め、彼らの礼拝の自由や公職就任を可能とした。これによりユグノー戦争は終結したが、後の一六八五年にルイ一四世がフォンテーヌブローの勅令を以てナントの勅令を廃止したためにプロテスタント弾圧は公然化した。

南部アフリカ初の植民地であるケープタウンの人口は増加した。そしてケープ植民地の拡大にともない、いわば雇用主である東インド会社の統制をはずれて自由市民として独立したいと熱望する社員も増えた。当初、彼ら入植ボーア人は東インド会社と協力関係を持って活動したが、徐々に事業を独立させていった。そして経済的自立がある程度進むと、彼らはみずからをその土地出身の人間であるとしてアフリカーナと称するようになっていった。敬虔なプロテスタントで、なおかつ労働に励む彼らは土地をめぐってしばしば原住民と衝突を引き起こすようにもなった。やがて彼らの中には原住民を労働力、すなわち奴隷として活用することで大農園を経営する者も出てきた。

4　オランダをしのぐイギリス

パックス・ブリタニカ

しかし、オランダの隆盛も永続的ではなかった。その小さな国内市場はそもそも弱体であった。一方の英国は航海技術を急速に進歩させた。そして制海権をめぐる三度にわたる一七世紀後半の蘭英戦争を通じて疲弊したオランダは世界市場の舞台から降りてゆく。一八世紀後半になるとオランダの東方貿易の衰退は決定的となり、社員二万人のオランダ東インド会社も莫大な負債を抱えて一七九四年に倒産する。

この頃、東アフリカでは海洋国家オマーンが、現タンザニアのモンバサや、後にはザンジバルを拠点に欧州方面も含む各地と活発な通商活動を行っていたが、海上支配全体を見れば英国の勢力が相対的に突出していた。特にスペイン継承戦争（一七〇一～一四年）の戦後処理条約である一七一三年のユトレヒト条約とその附帯条約によって英国はガンビア川からコンゴまでの西アフリカ海岸の支配権を事実上確保し、大西洋三角貿易の基盤を固めてその優位を決定的なものにしていた。さらに英国はオランダ東インド会社が倒産した機会をも逃がすことなく、一七九五年にはケープを占領して三〇〇〇人規模の軍隊を駐留させるようになった。

その後、ナポレオン戦争*を契機としてオランダとフランスに対する英国の優位はいっそう確定的となり、一八一四年のウィーン会議でケープ植民地の英国支配は公式に認められた。英国はかねてケープタウンの戦略的重要性を意識しており、ナポレオン戦争後の本国における失業者に対してもケープへの移民・入植を奨励したが、これは前述の一七世紀後半に見られたオランダを経由してのユグノー教徒のケープ入植を彷彿させる、欧州の政治的・宗教的対立がアフリカに反射的効果を生み出すパターンである。

＊ ナポレオン戦争――一八〇三年～一五年。ナポレオン率いるフランスとその同盟国が、イギリス、オーストリア、ロシア、プロイセンなどのヨーロッパ列強の対仏大同盟と戦い、当初、欧州全域で破竹の進軍を見せたが、最終的に一八一五年にワーテルローの戦いで敗北。

こうして奴隷貿易の最盛期に産業革命を経験し、一八世紀中に西インドと北米大陸を含む重商主義帝国を築いた英国は、一九世紀半ばから二〇世紀初頭のパックス・ブリタニカの時代を迎えることになる。この流れはいわば近代資本主義の膨張であり、一方のアフリカはその縁辺部に置かれたまま、欧州先進諸国への原料供給地、あるいはその製品市場としての役割を担わされてゆく。

グレート・トレック

ケープにおいて新参者の英国人入植者と従来からのボーア人入植者は、イギリス本国政府の寛容な方針もあって当初こそ協力関係にあったが、元来保守的なボーア人（アフリカーナ）はケープ植民地政府のイギリス化政策や原住民優遇政策に次第に失望と反発を強めていった。一八三三年の英国による奴隷禁止法も彼らにとっては労働力不足を招いた要因であり、従来から奴隷労働に依存してその経営を成り立たせていたボーア人農園主を圧迫した。さらに自由貿易主義を採るイギリス本国政府がコストのかさむケープ植民地の拡大に消極的であったこともあって、彼らボーア人の中には自助独立を指向する者も増えてきた。

こうして一九世紀前半になると多くのボーア人が英国の支配を脱して(つまりケープ植民地を出て)、別に新天地を求めて植民すべくアフリカ大陸内部に移動を開始する。これが世にいうグレート・トレックであり、いくつかのグループに分かれて家財道具を満載した幌牛車を連ねての内陸大移動はほぼ一八三五年頃から四〇年代初めにかけて続いた。これは後に触れるアフリカ土着部族間の闘争をともなう離合集散、いわゆるムフェカネにより部分的にも生じていた生活圏の真空地帯に引き寄せられる動きでもあった。

彼らグレート・トレックを断行したボーア人グループの中にはモザンビークのデラゴア湾に到達、居を構えた人々もあった。ムフェカネ発生のきっかけともなった軍事大国ズールー王国を一八三八年の「血の河の戦い」で破ったボーア人グループは、翌一八三九年にナタール共和国を創った。しかしこうしたボーア人の一連の動きを警戒していた英国は、軍事力を使ってナタール共和国を一八四五年にケープ植民地に編入してしまう。この後、ナタール植民地では大規模プランテーションが発達してガザ王国からの移民労働者に対する需要が高まっていった。

しかしトレッカーたちは英国支配を嫌って移動し続け、一八五二年にはトランスヴァール共和国（正式名称は南アフリカ共和国）、一八五四年にはオレンジ自由国といった新たな植民国家を現在の南アフリカ東北部に誕生させた（五六ページ、図2）。ちょうど浦賀にペリー艦隊が来航した（一八五三年）時期である。この二ヵ国については、英国はボーア人植民国家を併呑する過程での政治・経済的コスト（ボーア人だけでなく、彼らを支持するバスト族やンデベレ族といった原住民の抵抗）に躊躇して、それらの樹立をいったんは許容する。

しかし、後にオレンジ自由国西グリカランド（現在のキンバリー）でダイヤモンド鉱山が見つかり（一八六七年）、トランスヴァール共和国ウィットウォータースラント（現在のヨハネスブルグ郊外）でも金鉱が発見されると（一八八六年）、一八七九年の時点でズールー王国を挑発して征服していた英国は、勢いに乗るその帝国主義的野心からそれらボーア人の国を改めて支配しようとした。これが一八八〇～八一年、そして一八九九～一九〇二年と二度にわたるボーア戦争の背景である。

5　ボーア戦争

第一次ボーア戦争

グレート・トレックの結果生まれたボーア人の国、オレンジ自由国とトランスヴァール共和国はともに内陸国である。トランスヴァール共和国は、海への出口を求め現在のマプトが面するデラゴア湾周辺への進出を図るが、英国の反対にあって頓挫、そうこうするうちに同共和国の財政が破綻して内政が不安定化するのを見た英国は一八七七年に一気に同国を併合した。日本では西南戦争が起こった年である。

激怒した現地ボーア人は独立を回復すべくクリューガー副大統領ほかをロンドンに派遣して交渉するもらちは明かず、ついに一八八〇年に武装蜂起する。英国側の準備不足もあって共和国側は軍事的勝利を収め、翌一八八一年三月に英国とプレトリア協定を結んで主権を回復した。これが第一次ボーア戦争（南アフリカ戦争）である。

しかし、同共和国を構成する国民の過半が「アイトランダース」（アフリカーンス語で外国人の意味）と呼ばれる英国系住民であることは、ボーア人が創った国にとって将来の不安定要素として残った。

金鉱の発見

一八八六年に現在のヨハネスブルグ西方で金鉱が発見されると、トランスヴァール共和国政府は同地方をウィットウォータースラントと命名し、同鉱山を国有化した。採鉱に関係する企業にはライセンスを与え、地代や利権料を徴収することで国庫を潤した。

すでに一八六七年のオレンジ自由国西グリカランドにあるホープタウンでのダイヤモンド鉱発

見以来、澎湃と沸き起こっていたダイヤモンド・ラッシュに乗っていたセシル・ローズも直ちに金鉱業に進出している（デビアス鉱業会社）。

ちなみにこのダイヤモンド鉱をめぐっては、原住民グリカ族の首長が、英国商人の「助言」で所有権を主張し始めた上に、英国の保護まで求めたことから、英国がそれを口実に介入し支配した経緯があった。その際、英国は一八七一年に西グリカランドの領有を宣言し、さらにオレンジ自由国に補償金九万ポンドを支払った上で一八八〇年に同地をケープ植民地に編入したのであった。後に英国は西グリカランドのダイヤモンド鉱山一帯をキンバリーと命名した。

第二次ボーア戦争

その後、豊富な金鉱に加えてさらに石炭がウィットウォータースラントで産出するにいたると、そもそもボーア人植民国家のケープ植民地からの独立を快く思っていなかった英国は、ジョゼフ・チェンバレン植民地相*とケープ植民地行政長官（総督）だったアルフレッド・ミルナーの下でトランスヴァール共和国に対して活発な内政干渉を開始する。

＊　ジョゼフ・チェンバレン――一九二五年のロカルノ条約でノーベル平和賞を受賞したオースティン・チェンバレン外相とナチス・ドイツへの融和政策で知られるネヴィル・チェンバレン首相兄弟の父親。

そしてついに英国は、オレンジ自由国と軍事同盟を結んだトランスヴァール共和国を、一八九九年一〇月一一日の開戦に追い込んだ。第二次ボーア戦争である。戦闘はゲリラ戦の様相を呈して長引いたものの、最終的には一九〇二年五月三一日にボーア人側が降伏、フェリーニヒング条約により戦争は終結し、トランスヴァールとオレンジリバーの両地域は英国政府の直轄植民地となった。* 第二次ボーア戦争の結果、ボーア人国家は消滅した。そしてボーア人の間には何代も続く深い反英感情が残った。

＊　一九〇二年一月末に締結した日英同盟は、ボーア戦争にその国力をさかざるを得なくなった英国が、北東アジアでも影響力を強めつつあるもう一つの帝国主義国ロシアに対抗する意味を持っていた。対ロシアという点で日英の利害は一致した。

南アフリカ連邦

ボーア戦争を通じて疲弊した経済と、反目するイギリス系住民と多くのボーア系住民（アフリカーナ）の双方を互いに融和させる必要から、戦後は南アフリカ地域の統一化が進んだ。ケープ、ナタール、トランスヴァール、そしてオレンジリバーの四つの植民地地域は州となり、鉄道や関税制度の調整が図られて経済活動にとっての障壁除去が進められた。一九一〇年五月には南アフリカ法が英国議会を通過し、南アフリカ連邦が成立した。これによりリンポポ川以南では、英国の保護領となったスワジランドとバストランド（現レソト）をのぞき、独立したアフリカ原住民の国は消滅した。南部アフリカでの英国の圧倒的優位は確立した。

南アフリカ連邦の結成はさまざまな経済効果をもたらしたが、それは同時に「本来の」原住民である黒人をマージナライズすることで白人間の融和と彼らの豊かさを維持し、そうした犠牲の上にとりわけ「ボーア・ホワイト」と呼ばれた農村出身の白人貧困層を底上げしようとする仕組みも折り込まれていた。農産品に対する輸入関税が引き上げられるなど、ボーア系農民は保護され、一方では一九一一年に最初のアフリカ人差別法とされる鉱山労働法が施行されて白人と黒人の間であらかじめ職種や賃金の格差が固定された。

さらに一九一三年には原住民土地法が成立してアフリカ原住民は原住民指定地（リザーブ）以外での土地取得を禁止された（逆に白人については総督の許可なく原住民指定地への定住はできなかった）。リザーブは南アフリカ全土の一〇%足らずで地質も豊かとはいえず、そのためアフリカ原住民は生計をたてるために都市、あるいは鉱山へ出稼ぎ労働に行かざるを得なくなり、これに対して都市や鉱山側では自由な労働者移動をはばむパス法*などが整備されていった。

＊ 最初のパス法は、出稼ぎ労働者がより良い労働条件を求めて鉱山会社それぞれの間を勝手に移動しないように、一八九六年にトランスヴァール共和国政府により導入されていた（網中昭世『植民地支配と開発』）。

こうした流れは露骨な白人優遇政策であり、アパルトヘイト（アフリカーンス語で「隔離」を意味する）を制度化してゆく萌芽がこうして南アフリカで始まった。後に第二次世界大戦後の一九四八年、アパルトヘイトをスローガンに掲げて総選挙で勝利した再生国民党のダニエル・マラン政権が誕生すると、南アフリカは一九五〇年に集団地域法と人口登録法を、さらには一九五三年にバンツー*教育法といったアパルトヘイト関連法制を矢継ぎ早に整備してゆくことになる。

＊　バンツー――南部アフリカの先住民の総称。言語学上、アフリカ南部、中央部に広く分布するニジェール＝コンゴ語派に属するバンツー諸語を用いるバンツー語系諸族に由来。

6　セシル・ローズ

ローデシア

ここで、民間人でありながら帝国主義の具現者となっていったセシル・ローズについて触れておきたい。一八六七年のケープ植民地北方（後のキンバリー）でのダイヤモンド鉱脈発見により沸き起こったダイヤモンド・ラッシュに乗って、当時ナタールにいたセシル・ローズは友人チャールズ・ラッドとともにデビアス鉱業会社を創って巨万の富を築いた。

ローズはその財力を活かして一八八〇年にはケープ植民地の議員、一八八四年には同植民地財務大臣となる。彼はロンドン政界にも働きかけることで一八八九年には、「リンポポ川とザンベジ川に挟まれる地域」（現在のモザンビーク中部）の所有・開発・統治の権限を英国ヴィクトリア女王の特許状により認められることに成功、二五年期限の特許会社として英国南アフリカ会社（BSAC）を発足させた。

一八八八年一〇月にはローズの友人ラッドとリヴィングストンの義弟で牧師のジョン・モファットが、現在のジンバブエの地方であるマタベランドの原住民ンデベレ族二代目首長であるローベングラを説得してモファット友好条約を結んだ。これにより後にローズはその地で鉱山採掘権を排他的に得た（俗に「ラッド約定」と呼ばれる）。ローズはさらに英国政府とも意を通じつつ、それら約束を拡大解釈することで英国南アフリカ会社を通して実質的に地域の統治権を手にして、マタベランドとマショナランド（ともに現在のジンバブエ）を自己の管轄下に併合してしまう。一八九〇年にはポルトガルとの小規模な戦闘の後に、さらに北のマニカランドまでもマショナランド植民地の一部として併呑した。

同年ローズは、英国南アフリカ会社の管轄区域（ほぼ現在のザンビアとジンバブエ）を「ローデシア（ローズの家）」と命名した。（英領）ローデシアの建国である（図2）。同じ年にローズはケープ植民地の首相に就任している。

一方、こうした流れに反英感情を募らせていたマタベランドのンデベレ族首長ローベングラは、逆に「（同首長に）マショナランド征服の意図あり」との濡れ衣を着せられてついに激怒、イギリス軍に対して開戦した。戦闘が劣勢となるやローベングラは、みずからマタベランドの首都ブラワヨに火を放ってからザンベジ川方面に逃れたものの、結局客死したとされる（天然痘が直接の死因だといわれる）。一八九三年末から一八九四年はじめにかけてのことである。

ローズは一貫して英国政府との一種、阿吽の呼吸により原住民首長に対してたくみな駆け引き

図2　19世紀のケープ植民地、ボーア諸国、英領ローデシア

を行うことで中南部アフリカにおける鉱山開発利権を追求した。一八九一年には英国南アフリカ会社警察隊将校のフランク・ロシュナーを通じ、ンデベレ族首長ローベングラと敵対していたロヅィ族首長レワニカと交渉、その結果ロシュナー約定を取り交わして現在の南西ザンビアに当たる北ローデシアのバロツェランドにおいても英国南アフリカ会社の行政権を確立した。この際は原住民保護と鉱区使用料支払いを見返りとした。

ちなみにロヅィ族はンデベレ族を除くかつてのチャンガミレ王国の残存集団であった。また、鉱山開発にかけるこの頃の白人の熱狂の背景には、欧州で一八九〇年代にガスや馬車に代わり電気や電車が普及し、それにともない電線用の銅需要が急速に高まったとの事情もあった。

ジェームソン侵入事件

ローズはその帝国主義的野心から、ケープ植民地と（南）ローデシアにはさまれるトランスヴァール共和国にもさらに触手を伸ばし、居住する英国系住民（アイトランダース）を呼応させて同共和国政府の転覆を画策する。ローズの刎頸の友であり、先のマショナランド、マニカランドの英国南アフリカ会社による併呑に貢献したレアンダー・ジェームソンは、一八九五年一二月に約五〇〇人のマタベランド騎馬警官をともなってトランスヴァール共和国に侵入したものの、アイトランダースの呼応がないままボーア人側の反攻にあって降伏、逮捕されてしまう。

ジェームソンはプレトリアの刑務所に収監された後に英国で裁判にかけられるが、その極端な帝国主義的姿勢が暴露されたローズはこれにより失脚、政界からは身を引くこととなった。後、ローズは一九〇二年に世を去る。

第一次と第二次ボーア戦争の間に発生したこの椿事は「ジェームソン侵入事件」と呼ばれるが、転覆計画を頓挫させたトランスヴァール共和国のクリューガー大統領宛に、ドイツ皇帝ヴィルヘルム二世が「外国の侵入を撃退して国家の独立を守った」として一八九六年一月に祝電を発出したことは、別の緊張を生み出した。これを知った英国はドイツに憤慨、反独感情は高まってドイツの南アフリカ方面への進出企図は列強から非難・牽制されるようになった。このクリューガー電報事件は、それ以降の英国とトランスヴァール共和国の緊張関係の推移、そしてさらには第一次世界大戦まで続くアフリカ政策をめぐる英・独の政治的駆け引きへとつながるのである。

第3章　南部アフリカをめぐる攻防

1　ポルトガル利権を掣肘する英国

英国に依存するポルトガル

歴史的にポルトガルは、綿織物若干のほかはほとんどワイン生産のみを主な産業とする欧州の周辺国であった。そのため帝国主義の時代にアフリカの植民地をめぐって列強の利害対立が錯綜してくると、宗主国ポルトガルのそういった周辺性は直接にその植民地をめぐる動きにも常に反映される傾向にあった。スペインによる併合（一五八〇～一六四〇年）から独立を取りもどしたポルトガルは英国への傾斜を次第に強め、それはスペイン継承戦争（一七〇一～一四年）を経て決定的となる。近隣の大国スペイン、あるいはフランスから自国を守るためにポルトガルは英国の庇護を必要とし、その見返りの意味も込めて通商上の特恵関係を深めていった。

こうして一四世紀以来の両国王室間の諸約束もふまえた上で、ポルトガルはリスボン駐在ジョン・メシュエン英国大使との間で一七〇三年に軍事と通商に関するメシュエン二条約を締結した。この条約の成立は先々の両国関係が分かち難くなってゆくことを予感させるものであった。さらに後のナポレオン戦争はこのような両国の庇護関係を強めるきっかけとなった。

ナポレオン軍のリスボン到達（一八〇七年）直前に英国海軍の力を借りて王室をブラジルに避難させたポルトガルは、英国との間で一八〇八年に英・ポルトガル友好通商条約を、そして一八一〇年には奴隷取引制限のためのリオデジャネイロ合意を結んだ。

一八〇八年の友好通商条約は軍事支援と引き替えに英国貿易商のブラジル市場への直接アクセスを容認するもので、実質的に先のメシュエン通商条約の改定であった。英国側にとってはフランスによる海上封鎖をくぐり抜け、かつポルトガルの仲介業者を経由することなく商品をブラジルへ直送できるメリットがあったが、ポルトガル側にとってはビジネスチャンスを失う打撃であり、ブラジルの経済的な、さらには政治的な独立の流れを皮肉にも加速させてしまう。

通商条約を結んだポルトガル王ドン・ジョアン六世は、ナポレオンの難を逃れ英国の保護を頼って植民地ブラジルに避難中であり（リオデジャネイロ遷都、一八〇八〜二一年）、視点を変えればこの時点でポルトガル本国自身が実際上英国の準保護国になってしまっていたといえよう。一八二〇年にポルトガル本国では自由主義革命が起こって立憲王制の成立を見、そして一八二二年にはブラジルが独立する。

北上を指向する英国

こうした中、一八二〇年代前半には、英国は南部アフリカで現在のマプト川南岸にまで進出していた。これにくらべると、奴隷の「世界的」供給地であったモザンビーク北のニアサランド（現マラウイ）周辺ではスコットランド自由教会と英国アフリカ湖沼会社（ＡＬＣ）以外に英国の存在感は薄かった。

しかし、ザンジバル（現在のタンザニア北部）方面から徐々に内陸に勢力を浸透させていたドイツやポルトガルが意識されるにつれ、北上を指向する英国は自国貿易商の利益のために、その地域で勢力のあったアラブ人奴隷貿易商の排除を画策するようになる。英国アフリカ湖沼会社とアラブ人奴隷貿易商の間の武力をともなう緊張はしばらく続いた後、結局モザンビーク島駐在英国領事ヘンリー・ジョンストンが直接に軍隊を指揮して湖沼会社側を支援したことから一八九〇年に決着し、原住民の首長も英国による保護と英国アフリカ湖沼会社への鉱業権譲渡を受け容れた。

ジョンストン領事がなかば強引にアラブ貿易商との争いを決着させた背景には、同じ頃ザンジバルにあった領事館を拠点にこの方面をうかがうポルトガルへの警戒があった。このポルトガル側の動きの先兵は後にモザンビーク総督も兼ねるセルパ・ピント領事であった。後に述べるようにこの頃英国は、ポルトガルのアフリカ植民地構想「バラ色地図」計画（六七ページ、図３）に対して一八九〇年一月に最後通牒を以て警告を発していた。

こうしたやりとりを経て英国は地域で支配権を確立し、一八九一年にニアサランドは英国の保護領となった。ちなみにジョンストンは当時のソールズベリー英国首相の下で三C政策（ケープ・カイロ鉄道建設計画）の策定にも関与した。

さらに英国は、ボーア戦争に際してはポルトガル植民地の保全を約束する代わりに、英国軍のモザンビーク内通行、特にロレンソマルケスの自由使用をポルトガルに対して認めさせた（一八九九年一〇月一四日のウィンザー条約）。この背景には一八二〇年の自由主義革命後、一八二二年には最大の植民地ブラジルを独立させてしまっていたポルトガルの弱さがあった。

その国内混乱と財政破綻により英国依存を深めてきたポルトガルは、この少し前に英国とドイツに借款を要請さえしていた。この打診に対し英独両国は共同借款計画の取り決めを結ぶ（一八九八年八月の英独協定）が、水面下では「ポルトガルが仮に債務不履行に陥った場合は英独両国でポルトガル植民地を分割する」旨の秘密協定も準備していた。漂う雰囲気に危機感を募らせたポルトガルは、結局、一八九八年末にフランスから借款を行い、一方で英国に対しては自国の領土保全のための関係強化に努めた。こうした列強間のいわば外交上の貸借関係の総和がウィンザー条約だったともいえよう。

英国の影

かくして南部アフリカでの英国の優位が固まっていく。英国は、モザンビークとの関わりでは特にナポレオン戦争以降強まったポルトガル本国に対する発言権を背景に、また台所事情のきびしいポルトガル側の求めもあって、ドイツ、そしてトランスヴァール共和国との共同出資でモザンビーク会社（一八九一～一九四一年）を設立してモザンビーク中部の港町ベイラを中心とする中・南部地域の開発・経営に従事するようになった（会社統治領）。

同様に英国は別途ニアサ会社（一八九一～一九二九年）をフランスとともに設立して、現在のモザンビーク・ニアサ州とカーボデルガード州にほぼ相当するルリオ川以北を、そしてみずからに加えポルトガル、フランス、そしてベルギーの出資も得たザンベジア会社（一八九二～一九〇九年）によってザンベジ川流域から奥地を事実上統治した。それら会社統治領の総面積は、ポルトガル総督府直轄であったほぼ南緯二二度以南とモザンビーク島周辺など一部を除くモザンビーク国土の六五％にのぼった。*

＊　一九世紀末までポルトガルは総督府を北のモザンビーク島に置いていた。しかし一七世紀以降モザンビーク島周辺にも出没したオランダが、一七二一年に南端のデラゴア湾に面するロレンソマルケスに商館を設けると、ポルトガルは対抗の意味を込めて港町イニャンバネ周辺の土着首長の土地を王領地と認定し、ロレンソマルケス周辺の行政区とともに統治した。領有をめぐるこの曖昧さは後のデラゴア湾事件などにつながっていく。

ポルトガルとしては一八八四年から八五年のベルリン・コンゴ会議の結果に照らし、できれば自前の特許会社を起こして植民地内陸部の開発に当たらせたいというのが本音であったが、当時のポルトガルの経済力はそれがかなわない状態であった。モザンビーク会社とニアサ会社はいずれも法的にはポルトガルの特許会社であったが、ザンベジア会社はポルトガルからは正式な免許登録を受けたわけではなかった。それらの「特許」会社は貸与された広大な地域において商鉱業権はもとより土地譲渡権（所有権）を独占し、司法権以外の警察権、徴税権、通貨発行権さえも行使して鉱山やインフラの開発、さらには農場経営まで行って、その見返りに一定割合の利益をポルトガル政府に納めた。

興味深いのはモザンビーク中央部にあたるベイラからセナ方面への開発が、当時南ローデシアを拠点とする英国南アフリカ会社（ＢＳＡＣ）、具体的にはその関連会社でもともとローズの友人ロバート・ウィリアムズが設立したザンベジア探査会社を継ぐところの、ザンベジア会社によって進められたことである（エドゥアルド・モンドラーネ大学の歴史学教授マチーリ博士による）。

ベイラ港から国境のマチパンダを経てムタレ（現ジンバブエ）にいたる鉄道はＢＳＡＣ資本で建設・所有されたし、現在でもベイラ回廊の開発では英国が重要な役割を果たしている。ザンベジア会社はモザンビークにあったこれら民間会社中、会社として最も大きくかつ収益性があったといわれる。こうした歴史とそれにより英国が残した足跡は、南アフリカへの経済的依存の高まりと相俟ってモザンビークにおける車の左側通行や後の一九九五年に新生モザンビークが英連邦に参加する等々、後々になってもモザンビーク社会のさまざまな面で見られることになる。

マプト（ロレンソマルケス）

モザンビークの現在の首都マプト（Maputo）は、この地域に昔住んでいたロンガ族の頭領ムプーモ（Mpfomo）に由来する。この町は独立直後の一九七六年までは「ロレンソマルケス」（Lourenço Marques）と呼ばれていた。これはもともと一五四四年にデラゴア湾（現在のマプト湾）を発見・探検したポルトガルの貿易商人兼探検家ロレンソ・マルケスの名前で、彼の功績を讃えたポルトガル王ジョアン三世により地名とされていたが、ポルトガル領東アフリカ（モザンビーク）の首都となった一八九八年（町の完成は一九〇二年）に正式な町の名前となった。

モザンビーク地域においてポルトガルは、すでに大航海時代の一六〇七年、あるいは一六二九年に原住民のモノモタパ王国と取り決めを行って、マニカランドやマショナランド（現在のジンバブエ内）、あるいはザンベジ川以北に一定の権限を行使していたが、一八八四～八五年のベルリン・コンゴ会議やさらには一八九〇～九一年にかけての英国との緊迫したやりとりを経た結果、南部アフリカにおいてはわずかにアンゴラとモザンビーク、そしてコンゴ川河口地域（カビンダ）のみがその領土となった。先に述べた英国南アフリカ会社の活動に見られるように、モザンビーク周辺は地政学的にも関係諸国の思惑が錯綜する舞台であった。

2　バラ色地図

一八七〇年頃からの欧州の経済不況により再びアフリカに目を向けたポルトガルは、モザンビークとアンゴラを結んで南部アフリカを横断するみずからの植民地帝国実現を、ほぼ一〇年越しで夢想していた。大西洋岸と太平洋岸をつなぐ鉄道建設のためにアフリカ横断鉄道会社も一八八六年に設立された。この構想は同年にポルトガル議会で発表されて「バラ色地図」計画と呼ばれた（図3）。しかし、本国自身が経済的に英国に依存している状況で、英国の反発を封じつつこの計画を実現する上で不可欠だったドイツあるいはフランスによる支持は結局のところ得られず、ポルトガルにとってこの計画は文字通り「絵に描いたバラ」となってしまった。

バラ色地図計画は発表されるやたちまちベルギーと英国の干渉を受けた。特にソールズベリー英国首相は、リスボン駐在の英国外交使節の引き揚げとスペインのビゴ湾に停泊中の英国軍艦による攻撃さえほのめかしつつ、現在のジンバブエとマラウイに相当する地域からのポルトガル軍の撤収を強く求める「最後通牒」を突きつけた（一八九〇年一月）。この恫喝に続く交渉の結果結ばれたイギリス・ポルトガル・リスボン条約（一八九一年）により、ポルトガルはかろうじてアンゴラとモザンビークを確保したものの、内陸部、つまり現在のザンビア、ジンバブエそしてマラウイの領有はあきらめた。こうしてバラ色地図計画（中央アフリカ領有計画）は最終的に頓

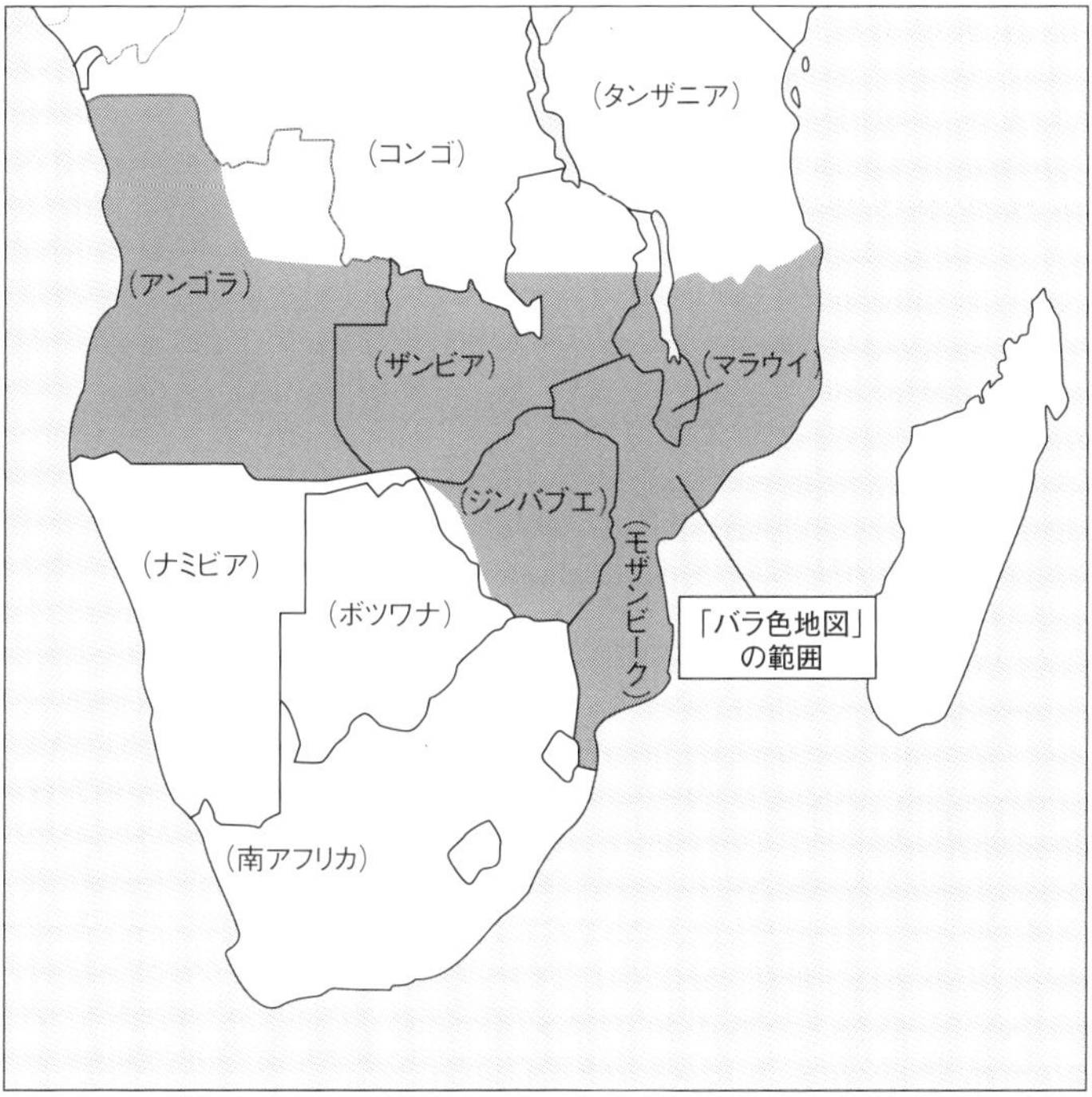

図３　ポルトガルの「バラ色地図」（1880年代）
注）（　）内の国名は現代の国家名。

図４　1913年（第一次大戦直前）の欧州列強によるアフリカ大陸の植民地化

挫した。

政府の威信が傷ついたポルトガル本国では、爾後、共和主義者によるポルト暴動（一八九一年）など反王制運動が活発化する。一九一〇年一〇月にはリスボンで共和主義者が蜂起、国王は英国領ジブラルタルへ亡命しポルトガルは共和制に移行してゆく。

ポルトガルの植民地観

この時代、ポルトガル自身は依然として大航海時代以来の旧い考え方から完全に脱しきれてはいなかったように思われる。旧い考え方とは、「面」を確保しようとする領土的野心よりも原住民有力者を通じた交易のための拠点基地確保を指向することであり、領土的野心を戦略的に実現するための意思と能力の弱さである。ポルトガルの植民地政策は鉱物資源の開発などと必ずしも結びついておらず、交易を念頭に置いた領土獲得と労働力の確保（「契約労働」という名を冠した奴隷）にばかり目が向いていた。

日本の約二倍の面積と約二五〇〇キロにわたる海岸線を持つモザンビークを支配することは、そもそもポルトガルの実力を越えていた。勢い、その実効支配は海岸沿いの都市、あるいはせいぜいザンベジ渓谷以南が限界で、ほかは従来通りスワヒリ文化圏に属するアラブ系首長、あるいは原住民首長による支配が続いていた。

従って「宗主国による実行支配」のためにも、植民地としての実質的開発はもっぱら外国資金の借り入れにより、あるいは特許会社に商鉱業利権等々を付与して彼らに行わせざるを得なかった。モザンビーク全土でなんとかポルトガルが軍事力で優位を固めたのは、第一次世界大戦後の一九二〇年頃だといわれる。*

＊ 船田クラーセンさやか『モザンビーク解放闘争史』。一九二〇年は国際連盟が発足した年であり、日本では阪急梅田に世界で初めてのターミナル・デパートが完成、日本最初のメーデーと国勢調査が実施された年である。

視点を変えてモザンビークの側から見れば、ポルトガルという欧州周辺部の小国の植民地となったが故に、当時の宗主国相互の相対的力関係が容易に影を落とし、西欧列強間の政治的・経済的力学がそのまま持ち込まれやすかったともいえよう。

一方で当時列強中の最強国であった英国は、ベルリン・コンゴ会議以降二度にわたるボーア戦争を経て二つの共和国（トランスヴァール共和国とオレンジ自由国）を併合し、南アフリカ連邦を創り出すことで南部アフリカ最大の版図と影響力を手にした。これら分割劇では、南アフリカの金鉱やダイヤモンドによる力を背景にして一八八〇年代に政界進出し、一八九〇年にはケープ植民地首相にまで登りつめたセシル・ローズの行動力が、たとえば最終的にはケープタウンからカイロまでを鉄道路線でつなごうという、*イギリス帝国主義のバックボーンとなっていたことはすでに述べた。

＊ ケープ・カイロ鉄道建設計画、いわゆる三C政策。ケープタウン・カイロ・カルカッタを結ぶ線の

周辺をすべて英国領とし、その後に鉄道を敷設して開発を行い統治しようというもの。これに対抗する新興列強、ドイツの植民地政策は俗に三B政策（ベルリン・ビザンチン・バグダッド）と称された。

3 ドイツ帝国の進出

南部アフリカの植民地化をめぐる英国のライバルであるドイツは、一八八四年一一月～八五年二月のベルリン・コンゴ会議の少し前の一八八三年に、ブレーメン出身の貿易商アドルフ・リューデリッツが南西アフリカ（現ナミビア）沿岸部の利権を現地首長から獲得していた。一八八四年には東アフリカ（現タンザニア）でドイツ植民協会会長で探検家のカール・ペータースが現地首長をなかば騙すようにして利権を手に入れていた。

しかしペータースは、特許会社であるドイツ東アフリカ会社に対する正式認可を「他のベルリン・コンゴ会議参加国を刺激しないよう」、同会議開催中の宰相ビスマルクから「秘密裏かつ後付けで」、一八八五年四月に入手することとなった。このため南西アフリカがベルリン会議によってドイツ植民地としていわば公式に認められたのに対し、東アフリカのドイツ植民地化は実際にはそれ以降の一八八六年頃からとなった。ドイツ東アフリカ会社は当初バガモヨに設立され、遷都とともに南のダルエスサラームに移転、ドイツ政府が東アフリカ（現タンザニア）を直接統治に移す一八九一年まで存続した。

デラゴア湾鉄道

こうした中、ボーア人のトランスヴァール共和国とポルトガル領東アフリカ（モザンビーク）を結ぶ鉄道（デラゴア湾鉄道）建設計画が浮上し、一八八四年八月にはドイツ、トランスヴァール、そして心情的にもボーア人の国に近いオランダの投資家が共同出資して、オランダ・南アフリカ鉄道会社が正式に発足した。この会社を通じたドイツの狙いは、英国支配下のケープタウンやポートナタール（現ダーバン）を経由せずにダイヤモンドや金を輸出できるようになること（これは特にボーア人の国、トランスヴァール共和国には大きな魅力だった）であり、それは何よりも南西アフリカと同東アフリカを鉄道で直結することで英国の「ケープ・カイロ鉄道建設計画」を牽制することにあった。

ケープ植民地首相セシル・ローズは、トランスヴァール共和国がかねてから海への出口を求めてズールー王国を経てデラゴア湾方面へ進出しようとしていることに警戒心を抱いていた。そのため同首相はこの鉄道計画を察知して直ちに抗議を行ったが、ドイツはデラゴア湾に軍艦を派遣し建設強行を促した。「契約労働」という名の強制労働に反発した黒人労働者が一八九四年に引き起こしたロレンソマルケス襲撃事件を鎮圧するのに協力するとの口実であった（デラゴア湾鉄道事件）。それにより鉄道建設は継続し、デラゴア湾に面するロレンソマルケスとプレトリアを結ぶ間の全路線が開通したのは同年一一月二日であった。*

＊　デラゴア湾鉄道の路線もボーア戦争後、セントラル・サウス・アフリカン鉄道に移管された。それ

は、第二次ボーア戦争がトランスヴァール共和国・オレンジ自由国側の敗戦によって一九〇二年に英国との間でフェリーニヒング条約が結ばれることで終結し、一七世紀後半からのオランダ系ボーア人の南アフリカでの影響は薄まり、地域の英国化がいっそう進んだことによる。モザンビークでは一九一一年にも一八九四年のロレンソマルケス襲撃事件と同様に、奴隷制度廃止後に整えられた「契約労働」という名目の強制労働制度をめぐって原住民バルエ族の反乱事件が発生した。いずれも軍隊の出動により鎮圧された。

反植民地反乱

後発ながら急速に帝国主義国家の色彩を強めたドイツであるが、その急速さの故にアフリカ土着の霊媒師、呪術師、あるいはヒーラーが持つ民衆への政治的影響力に悩まされ続けた。ドイツ東アフリカ会社は一九〇五年七月、現在のタンザニア南部で原住民に課した輸出用綿花の強制栽培と強制労働に対する反発をきっかけに、「この薬用水（マジ）を飲めばあの世の祖先の加護を得て銃弾でも死ぬことはない」という霊媒師の呼びかけに応じた大規模な大衆反乱（霊水マジマジ反乱）に直面して植民地経営の調整を迫られた。

ドイツは近代兵器を使ってようやく一九〇七年になってこの反乱を鎮圧したものの、白人犠牲者五人に対しアフリカ人犠牲者は一〇万～二五万人にものぼった。アフリカ人犠牲者の中には現在のモザンビーク北部のマコンデ族やベナ族も多く含まれた。

英国もこれに先立つ一八九六年から一九〇三年にかけて南ローデシア（現ジンバブエ）で、土地収奪、小屋税の徴収や強制労働といった急速な植民地化に危機感を募らせたマショナランドのショナ族やマタベランドのンデベレ族からなる武装抵抗勢力（チムレンガ）の反乱に直面していた。チムレンガの中心には特にショナ族の間で伝統的に尊崇されたスピキロと呼ばれる予言者たちがおり、彼らは「税も強制労働も旱魃も疫病もすべてが白人のせいであり、彼らをこの土地から放逐せよとの神託があった」と訴えることで、死をも恐れぬ戦いに純朴な地元原住民をあおった。この反乱でのアフリカ人犠牲者は約八〇〇〇人、英国人犠牲者は約四五〇人であった。

現地人による同様の反植民地闘争は、ほかにドイツ領南西アフリカ、ポルトガル領アンゴラ、イギリス領ニアサランド（現マラウイ）などで第一次世界大戦前後にかけて多く見られた。いずれも植民地軍に鎮圧されたが、現地住民にとって大抵の場合、そもそもの不幸の原因は突如現れた白人の存在であり、その厄災を除くための霊媒師たちの説明は明快で受け容れやすかった。

こういった反乱に加わりながらも難を逃れた原住民指導者の一部は、後にアフリカの分割・植民地化とはほぼ無縁のアメリカに留学した。彼らはアメリカ滞在中にその国内の、あるいはカリブ海地域の黒人知識人や政治運動家との接触を通じて、第一次世界大戦後の本格的なアフリカ解放運動につながってゆく精神的影響を残した。一九一九年にはパリで第一回パン・アフリカ会議が組織され、アフリカ植民地の段階的自治推進が提唱されたし、同じ年には初めてのアフリカ人労働組合である工商組合が、ニアサランド出身のクレメンツ・カダリーを中心にケープタウン港湾労働者によって組織された。彼らは、賃上げはもとより白人支配打倒と資本主義打破を訴えた。

こうしてこの頃から国際世論も徐々に植民地解放に傾いていくが、第二次世界大戦が終了するまでは「広範な民衆の支持を得た現地人の民族主義者」は見当たらない。ネルソン・マンデラら青年グループが非暴力・不服従のキャンペーンを南アフリカ連邦で開始したのは一九五二年である。

4　戦間期とアフリカ

第一次世界大戦

帝国主義列強の利害対立が一つのピークを迎えたのが欧州大戦（第一次世界大戦、一九一四～一八年）であった。主戦場は欧州であったが、欧州列強のほとんどがアフリカ大陸に植民地を有していたことから、アフリカ大陸でも三国同盟側植民地周辺で三国協商側との戦闘が見られた。三国同盟は、ドイツ、オーストリア・ハンガリー、そしてイタリアによる三国間秘密軍事同盟であり、三国協商は英国、フランス、そしてロシア三国間の各二国間条約にもとづく協調体制であった。

ドイツの植民地は獲得して日が浅く十分な防衛体制が完成していない一方、それぞれが協商側植民地（英国、フランス、ベルギー、ポルトガル）に囲まれていたため守勢に終始して次々に降伏していった。

第一次世界大戦の結果、敗戦したドイツの海外領土はすべて放棄され、アフリカでのドイツの植民地は英国、フランス、ベルギーそして南アフリカ連邦の管轄下に配分された。トーゴランドとカメルーンは英国とフランスで、東アフリカ（後のタンガニーカ、現在タンザニア）は英国とベルギーでおのおの再分割された。ルワンダ・ウルンディ（後のルワンダとブルンジ）はベルギーの委任統治領となり、南西アフリカ（後のナミビア）は南アフリカ連邦の委任統治領となった。*

＊　後に南アフリカ連邦は委任統治協定を無視して土地をアフリカ原住民に返すことはなかった。その上、第二次世界大戦後は国連の信託統治制度も無視し、旧ドイツ領南西アフリカの自国への編入を画策した。これに対して国連は一九六六年の総会決議２１４５で南西アフリカに対する南アフリカの委任統治終了を決定し、さらに一九六八年に南西アフリカを「ナミビア」と改称した上で、南アフリカによるナミビア統治を不法と宣言する。

英国はイタリアの参戦を多としてジュバランドをケニアからイタリア領ソマリアに割譲した。これによってケニアの東部国境だけが西に移動したが、それ以外のアフリカ大陸の国境に第一次世界大戦による変更は発生していない。

ちなみに一九一九年のヴェルサイユ講和会議には、南アフリカ連邦で穏健な抵抗運動を始めていた南アフリカ原住民民族会議（一九二三年にアフリカ人民族会議ＡＮＣと改称）も代表を送り、アフリカ原住民の悲惨な立場を訴えた。この点については同講和会議中の国際連盟規約作成委員会で、参加国中日本のみが人種的差別撤廃提案を提出してその趣旨を規約に書き込むよう主張したが、他の参加国である列強は頑強に抵抗してこの提案を葬ったとの歴史的事実がある。日本が世界で初めて国際会議で人種差別撤廃を主張した国であることは銘記されるべきであろう。

モザンビーク再分割の危機

モザンビークについて見ると、ボーア戦争と第一次世界大戦のそれぞれ勃発直前の時期に二度、英・独による再分割の危機にさらされている。具体的には一回目が先述したデラゴア湾帰属問題の発生やポルトガルによる「バラ色地図」計画の挫折を経て、対ポルトガル借款を梃子に英・独がポルトガル植民地の分割案(一八九八年)を練った時期であり、二回目がポルトガル本国の共和革命(一九一〇年)の後、アフリカ再分割の可能性をはらんで緊張しつつ推移する英独関係の下での対ポルトガル・英独共同借款の動きと、その裏でポルトガル植民地分割を狙う英独協定が秘密裏に仮調印された(一九一三年)時期である。

その二回とも、みずからの弱小さの故に、より強い列強同士の抗争をにらみつつ、より強い側の驥尾に付すことで存続を図らざるを得ないモザンビークの宗主国ポルトガル自身が置かれた立場を痛感させる。隣接する南アフリカのラント(ウィットウォータースラント)金鉱業の隆盛も、衰退期にあった宗主国からは遠く離れた植民地モザンビークの経済を否応なく強大な南アフリカ経済にロックしていったし、ポルトガル本国とその植民地政府自身もそうした状況を所与とした植民地経営を行うこととなった。

皮肉にもこうした政治経済環境の大枠があるが故に、植民地モザンビーク自身はさらなる他の列強による分割からは免れたともいえよう。

国際連盟において

一九二〇年に成立した国際連盟はその規約第二二条で奴隷解放を加盟国に義務づけ、一九二四年には連盟に臨時奴隷制委員会が設置されて南アフリカへの移民労働者の状況が議論された。一九二六年には奴隷条約が採択されるなど、アフリカ原住民の状況改善に向けて国際的に前向きな動きが見られた。ヴェルサイユ体制の下では不戦条約の締結やロンドンやワシントンでの軍縮会議など、グローバルには一定の国際協調が進んだものの、旧ドイツ植民地の分割やオスマン帝国の解体と委任統治といった動きに典型的な「植民地再分割の下での平和維持」という本質的矛盾は、一九二九年にウォール街で始まる世界恐慌でもろくも露見していった。

世界恐慌で生産物の価格は大きく下落し、国際石油資本は秘密裏にカルテルを結び利益確保に走った（一九二八年、アクナキャリー協定）。とりわけ一九三〇年代の植民地経済は低迷した。宗主国である列強は国内問題に追われ、国際貿易への影響を無視した保護貿易主義が採られた。宗主国経済がブロック化すると植民地もその閉鎖システムの一部となった。必要に迫られて植民地改革（経営の多角化や工業化）が行われ、現地人ブルジョワジーも徐々にだが形成された。

欧州人経営のプランテーションは現地人資本家による経営へと次第に移行した。白人の支配力が徐々に弱まり、一九三〇年代は先住民エリートが支配者側に組み込まれていく時代、植民地の終焉が次第に準備される時代でもあった。

第二次世界大戦

その先に待ち構えていた第二次世界大戦では、反枢軸国という題目の下で多くのアフリカ人が連合国側に動員された。ほんの二〇年前の成立時には異形の国として見られたソ連が、ヒトラー・ドイツによるソ連侵攻で連合国として参戦したことによって、動員されたアフリカの植民地出身者の間には彼ら一人ひとりが巻き込まれた戦争があたかも人民戦争の色彩を帯びて意識され、みずからの内なる階級意識や民族意識を芽生えさせた。

戦後に復員したそれらアフリカ人の意識が出征前とは大きく変化したことは十分想像される。特に一九四一年に英米が大西洋憲章を発表したことから、植民地の黒人たちは将来の独立へ大きな期待をふくらませた。もっとも、米英首脳の側は本気で植民地の独立までを想定していたわけではなかった。*

* じつは、大西洋憲章第三条（政府形態を選択する人民の権利）をめぐって英国首相チャーチルは、アジア・アフリカの植民地にこの原則が適用されることにつき難色を示していたし、米大統領ルーズベルトもチャーチルのこの逡巡に対し、「大西洋憲章は有色人種のためのものではない。ドイツに主

権を奪われた東欧白人国家について述べたものだ」と内々語ったとされる。この大西洋憲章に対し、植民地支配の否定と有色人種に対する人種差別撤廃を掲げて日本が提唱したのが一九四三年一一月の大東亜共同宣言である。

独立への気運

大西洋憲章にならって、南アフリカ連邦のアフリカ人民族会議（ANC）もその政策綱領「南アフリカ人の要求」を一九四三年に採択した。大西洋憲章に示された領土不拡大・民族自決など八ヵ条の原則は後の国連憲章の基礎ともなったことから、チャーチルとルーズベルトの本音とは別に戦後のアフリカの各植民地では大西洋憲章に刺激された黒人たちの独立・解放運動が急速に盛り上がっていった。

この過程で注意すべきは、第二次世界大戦によりいわば老舗の帝国主義列強が弱体化する一方、名目上の政治的独立と引き替えに植民地の経済的従属を維持しようという、新植民地主義ともいわれるアメリカの台頭と計算があったことである。さらにアメリカとの対抗上、ソ連も植民地の解放を声高に唱えたこともあって、第二次世界大戦後の労働運動とアフリカ植民地解放運動はほぼパラレルに進行していった。

その流れは、まず一九五五年のアジア・アフリカ会議（バンドン会議*）で節目を迎え、アジアにおける民族独立の華々しい動きは強い刺激となって一九六〇年の「アフリカの年」で結実することとなる。

＊ 参加国はその多くが第二次世界大戦後に、英国、フランス、米国、オランダなど欧米列強の植民地支配から独立したアジアとアフリカの二九ヵ国だった。

しかし戦後のアジア・アフリカで沸き起こった反植民地主義の動きや、南アフリカ国内でのＡＮＣ（アフリカ人民族会議）の活動活発化が国際社会の注目を浴びるにつれ、白人側にもいわば「ブラック・ペリル」の恐怖からアパルトヘイト政策の強化や、既得権を守る一種の防波堤としての一九五三年のローデシア・ニアサランド連邦（中央アフリカ連邦 Central African Federation とも呼ばれた）の結成といった反作用が続いていった。ローデシア・ニアサランド連邦は英連邦内の準独立国であり、英国は同連邦結成後も北ローデシアとニアサランドを保護領としたまま存在感を示した。＊

＊ 南ローデシアに多かった白人は、かねて未開の北ローデシアを切り離して南ローデシアのみ南アフリカに編入することを望んでいたが、白人だけによる一九二二年の住民投票の結果、南ローデシアは自治領、北ローデシアとニアサランドは英国保護領となった。しかし一九二五年に北ローデシアで銅の鉱脈が発見されると、白人たちは南北ローデシアとニアサランドの合併を要求するようになっていた。広大な土地とそこに住む多くの黒人を少数の白人で統治する困難はともなうものの、白人労働力によって経済が伸張した南ローデシアの農工業と、北ローデシアの銅鉱業資源、そしてニアサランドの潤沢な黒人労働力は、経済的に見れば相互補完的であった。加えてこれら三地域を統合することは

南アフリカのボーア人保守主義と、北方からのアフリカ人民族主義に対抗する上で有効であろうとの計算が英国にもあった。これがローデシア・ニアサランド連邦結成の背景である。

ANC創設の歴史

ちなみにANC（アフリカ人民族会議）創設の歴史は古く一九一二年にさかのぼる。当時、新しく生まれた南アフリカ連邦が採る白人優遇政策（特に土地問題と市民権問題）に危機感を抱いたアフリカ人民族主義指導者が、ヨハネスブルグ在住の弁護士ピックスレイ・カ・イサカ・セメの呼びかけで結集したのがそもそもの始まりで、一九二三年までは「南アフリカ原住民民族会議」と称した。その反人種主義運動は、一九四〇年代までは陳情とか機関誌発行や不服従といった、非暴力主義のかつ合法的で微温的なものであった。

その穏健さにあき足らず実力行動を求める若者グループの一人がネルソン・マンデラであった。彼らの不服従運動（一九五二年〜）に始まる過激化に対して、ヘンドリック・フルウールト首相の南アフリカ当局も、一九五九年にバンツー自治法を制定し黒人部族ごとに一〇のホームランド（バンツースタン）を設けて建前上「外国」とするなど、アパルトヘイト政策の強化・法制化を以て臨んだ。

南部アフリカでは一九六〇年独立のマダガスカル以外、黒人国家の独立はかなり遅れたが、これは南部アフリカが鉱物資源に恵まれ、それに魅せられて古くから入植した多くの白人が、その代々の権益を維持しようと必死に努めた結果だともいえる。

白人政権の対応

モザンビークの周辺を見ると、「(白人)人材・資源・労働力」を結合して経済力強化を狙ったローデシア・ニアサランド連邦では、白人入植者の多い南ローデシア偏重の傾向が内政上変わらなかったために、あたかもアフリカ諸国の独立機運に巻き込まれるかのようにその北部二地域(ニアサランドと北ローデシア)が連邦離脱を指向し始めた。一九六〇年二月から英国ランカスターでローデシア・ニアサ連邦憲法再検討会議が開催されて新たな憲法が制定されると、一九六四年七月にニアサランドは英連邦内の独立国マラウイとなり、同年一〇月には北ローデシアが独立してザンビア共和国となった。

モザンビークの北側では、一九六一年と六三年にそれぞれ独立したタンガニーカとザンジバルが合邦して一九六四年一〇月にタンザニア連合共和国となっていた。

南隣の南アフリカでもANC(アフリカ人民族会議)の呼びかけで一九五五年六月に全人種参加の全国人民会議がヨハネスブルグ郊外のクリップタウンで開催され「自由憲章」を採択した。これにより一時は全人種平等参加の国家建設という理念の下、広範な抗議活動が発生するかと思われたものの、当局の弾圧もあって盛り上がりは見られずに終わった。

アフリカ人中心主義を唱えるパン・アフリカニスト会議(PAC)が一九五八年にANCから

分裂したこともあって、政府当局による黒人への差別と圧迫はさらに続いていった。そして南アフリカ白人政権は一九六〇年三月のシャープビル事件*を奇貨として弾圧を強め、立憲君主制から共和制へ移行する一九六一年三月の新憲法の下でANCやその過激分派であるPAC、そして共産党を非合法化した。

＊ シャープビル事件――白人地区に入る必要のある一六歳以上の黒人に携帯を義務づけるパス法の制度に反対し、ヨハネスブルグ南八〇キロのタウンシップ（黒人居住区）、シャープビルにある警察署前に参集した数千人の群衆に向かって警官隊が一斉に発砲、二五〇人以上を死傷させた一九六〇年三月二一日の事件。これにより燎原の火のごとく南アフリカ全土に拡がった騒擾と国連はじめ国際社会の非難にもかかわらず、後に「アパルトヘイトの建設者」と呼ばれるようになるフルウールト南アフリカ連邦首相は非常事態宣言を発出、ANCやPACを非合法化した。民族主義運動組織復活のために行動を開始したネルソン・マンデラら「民族行動グループ」は、南アフリカ連邦の共和国移行に反対するゼネストを行って逮捕される。いったん釈放された後も暴力主義的傾向を強めるマンデラは、エチオピアでの軍事訓練からもどった際に「旅券不携帯とストライキ煽動」の咎で再逮捕され、さらに共産主義国との関係も暴かれて「国家転覆罪」で有罪となり一九六四年にテーブル湾にあるロベン島へ終身流刑された。弾圧を逃れたアフリカ人民族運動家たちはこの後、ロンドンやダルエスサラームなど海外を拠点に活動、ANCも本部をザンビアのルサカに移動した。

後にマンデラ釈放を求める国際世論が高まってロベン島が反アパルトヘイトのメッカになると、南アフリカのボータ政権は「暴力革命主義のマルキストにすぎないマンデラ」を一九八二年にケープタウン近郊のポルスモア刑務所に移し、さらに同人が結核治療を受けた後の一九八八年からはビクター・フェルスター刑務所に収監した。

南アフリカ連邦は、一九六一年五月にはその国名も南アフリカ共和国に変更し、一九九四年の復帰まで英連邦からも一時離脱してしまう。後の白人政権フレデリック・ウィレム・デクラーク大統領の下で、それら一九六一年に禁止された党派が再び合法化され、ネルソン・マンデラが二七年ぶりに釈放されるのは一九九〇年二月になってからのことである。

第4章　モザンビーク植民地とその周辺

1　デラゴア湾

衰退するモザンビーク島

現在のモザンビーク首都マプトが位置するデラゴア湾にも、一八世紀になるとオランダ、英国、オーストリアが進出した。彼らは内陸の象牙や金、あるいは銅の取引を行う交易所を開設したことから、先乗りの既得権を守ろうとポルトガルも一八世紀後半にそこに交易所を設けて要塞（マプト要塞）を強化していった。今なお残るこのマプト要塞はもともとオーストリアが築いたものをポルトガルが本格的に整備・拡充したといわれる。

産業革命とナポレオン戦争を経て一八〇七年に早々と奴隷貿易禁止を、そして一八三三年には国内の奴隷制度廃止を打ち出した英国は、その発言力を使って一八三六年にポルトガルにも奴隷

マプト要塞（*Villas&Golfe* より）

貿易禁止を法制化させた。そして一八四〇年代にはモザンビークで、一八五〇年代にはブラジルでも奴隷貿易は禁止される。この流れに加え一八六九年一一月にスエズ運河が完成し中国と欧州の距離が縮んだことや、帆船より多くの荷物を積載できる蒸気船がインド洋でも活躍するようになったことから、喜望峰・モザンビーク島経由の外洋貿易は勢いを失い、それとともにモザンビーク島も町としての輝きを失っていった（『モザンビーク島――サン・セバスティアン砦再生への歩み』）。

世界的にも一九〇〇年を過ぎると蒸気船の数は帆船をしのぐようになる。さらに歴史を先取りすれば、一八五九年に米国ペンシルベニアでドレーク大佐が発見していた石油は、後々、内燃機関の進歩とともに国際社会における力関係を左右する魔法の杖となるが、モザンビークで石油が発見されることはなく、皮肉にもその争奪をめぐる災厄に同国は直接には巻き込まれなかった。国際社会がモザンビークの天然資源の豊かさに括目するのは二一世紀になってからである。

移民労働者供給システム

話を一九世紀初頭にもどす。ナポレオン戦争中、ポルトガルはその王室も含めて英国の庇護の下にあったが、ナポレオン戦争後は本国の政治・経済的混乱によって欧州辺境に位置する多重債務の貧しい農業国となっていた。ポルトガルの英国依存は深まり、モザンビークでの内陸開発ももっぱらモザンビーク会社領やニアサ会社領といった英国やフランス、あるいはドイツといった外国資本による特許会社と英国南アフリカ会社の力を借りて進められた。そしてポルトガル自身は実質的には国土の南部、あるいは主にモザンビーク島、南部のイニャンバネ湾、そして最南端のデラゴア湾周辺といった沿岸部に植民地拠点を有する状態であった。

デラゴア湾をめぐってはすでに一八六九年の時点でポルトガルとトランスヴァール共和国間で前者による領有が確定していたものの、相次ぐダイヤモンド鉱や金鉱の発見は英国はじめ列強のこの戦略的要衝に対する関心を新たにかき立てた。それら鉱物の輸出にとってデラゴア湾は最も近傍の港湾であった。英国とポルトガルの係争はパトリス・ドゥ・マクマオン仏大統領の仲裁により一八七五年に決着、ポルトガルによるデラゴア湾領有が確定するが、ポルトガルの東アフリカ（モザンビーク）総督府は高まる労働需要を訴えるナタール総督府（英国）の意をくんで、モザンビーク領海で解放された奴隷が「自由意思を前提に」ナタールでの「賃金労働」に優先的に向かう仕組み（一八七五年植民地条例第一五二号）を整えて対応した（網中昭世『植民地支配と開発』）。

イニャンバネにあったモザンビーク最後の奴隷取引所は一八七八年に閉鎖され、「奴隷」は「移民（契約）労働者」へと形式を変えていった。南アフリカの旺盛な鉱山労働者需要は、こうして一種排他的ともいえる、モザンビークからの移民労働者供給のための各種システムを編み出していった。

そしてさらに一八八四年から八五年のベルリン・コンゴ会議を経て植民地を実効支配することが列強の間で重視されるようになったことに加え、一九世紀後半から南アフリカの鉱山開発やプランテーションにおける経済活動が加速して資本主義市場の形成が進んだこと、そしてそれらとともにポルトガル本国との関係でも英国の存在感が急速に増してきたこと等々、自国をとりまく政治経済環境の変化に迫られたポルトガルは、モザンビーク総督府の機構改革を行い、一八九八年に首都機能をモザンビーク国土南端のロレンソマルケス（現マプト）に移転した。

以後、モザンビークの政治の中心はロレンソマルケスに移り、経済的にはその四年前、一八九四年末に完成したデラゴア湾鉄道による貨物輸送や、後に触れる一九〇一年のモザンビーク総督府（ポルトガル）とケープ植民地総督府（英国）の間の「（出稼ぎ労働者送り出しに関する）暫定協定」などを通じて、英国の影響力が次第に強まる南アフリカ経済圏とリンクすることで利益の確保が図られるようになった。出稼ぎ労働者をめぐるこの暫定協定が直接適用されるモザンビーク総督府の直轄地域は南緯二二度以南とされた。

こうした流れとは反対に旧都モザンビーク島では、特にアラブ、インド、ポルトガルの石造り建築様式が混在するストーンタウン地区でのポルトガル人の人口が一気に減少し、原住民マクワ族が同島人口の大層を占めるようになった。*

＊ 奴隷貿易などで財をなした商人たちが造ったストーンタウン（石の町）に対して、現地人は椰子の葉で葺いただけの家に住んだことから、彼らの地区はマクティタウン（椰子の葉町）と呼ばれる。島の北側のストーンタウンや要塞を建設するために、大量の珊瑚石灰岩（コーラルストーン）が島の南から切り出されて、その跡地に原住民が椰子の家に住んだことから、マクティタウンは島の南部に多く道路面より二～三メートルほど低くなっている。マクワ族はモザンビーク最大のエスニック・グループで、宗教的にはその約五〇%がアニミズム、約三五%がスンニ派イスラム、約一〇%がローマ・カトリックとされる。前に触れたように、織田信長によって侍に取り立てられた「ヤスケ」もマクワ族出身だったと思われる。

国際社会でもこの頃、「アフリカ奴隷貿易に関するブリュッセル会議条約」が一八九〇年に作成され、交易品取引の禁止という面から効果的な奴隷貿易の抑制・取締りを図ろうとする動きが出てきていた。

2　部族間の闘争

ムフェカネ

ナポレオン戦争によって欧州列強の力関係が変化しつつあった頃、南東部アフリカにおいても一八一七〜二八年頃を中心に大規模な民族移動をともなうアフリカ土着部族間の闘争が発生していた。いわゆる「ムフェカネ」（ズールー語で「大壊乱」ないし「衝突」）である。これにより南部アフリカでの社会経済的再編成が生じてゆく。

ムフェカネ発生についてはさまざまな原因が指摘されている。遠因としては、一七世紀後半にポルトガルがアメリカ大陸からモザンビークに伝えたトウモロコシ（メイズ）が、従来の地場穀物以上に土地に適合し、栽培に大量の水を必要としながらも食糧生産量が増加して、その結果人口増加につながったこと、ナポレオン戦争の結果として英国支配に入ったケープ植民地のイギリス化に不満を持ったボーア人の内陸移動（グレート・トレック）の兆候も始まっていたこと、一九世紀前半の約一〇年にわたる旱魃で、従来牧畜中心だったモザンビーク南部方面の部族に財産（家畜）争奪の紛争が頻発したこと……等々があげられている。

牛の群れ（水谷祥子撮影）

ズールー王国

そうした中、バンツー語系ングニ族の一派ズールー族は、シャカ王の下に現南アフリカのクワズールー・ナタール州ダーバンを中心に一八世紀末から一九世紀初めにかけて、強力な軍事国家ズールー王国（一八一六〜八七年）を築きあげ、周辺部族を征服、駆逐した。当時、内陸部で各首長の下にそれなりの繁栄をしていたのは、ズールー族のほかにンデベレ族、スワジ族、バルト族などであった。

ズールー王国のシャカ王はポートナタール（現ダーバン）に進出していた英国人と友好関係を結んで鉄砲を入手し（一八二四年）、その軍事力強化に役立てた。シャカ王の専制恐怖政治を恐れた他の中小部族は離合集散しつつ北方に逃れ、その中でシャンガーナ族の将軍ソシャンガネは、弱小部族を糾合して現モザンビークのガザ州州都シャイシャイの北西約七〇キロメートルのチャイミテにガザ王国（一八二四～九五年）を樹立し、ンデベレ族のムジリカジは現在のジンバブエ南西部マタベランドにンデベレ王国（一八二七年頃～九三年）を建設して初代首長となった。

　ガザ王国は一九世紀半ばに最盛期を迎え、北のザンベジ川から現在のジンバブエの一部を含んで、南はリンポポ川を超える広大な地域を版図とした。それ以外の地域でポルトガルの威の及んでいないところは、ビトンガ、シツワといったバンツー語系部族が支配していた。

　ムジリカジの子で第二代ンデベレ王であるローベングラに対する英国の仕打ちとそれによる王の悲劇的な最後についてはすでに述べた。現地部族同士の抗争、特にズールー王国の軍事的拡張による捕虜（軍事奴隷）の発生が、この時期にポルトガルによる奴隷貿易を再燃させたのは皮肉である。強大だったズールー王国は一八三八年の「血の河の戦い」でボーア人に敗れた後、一八七九年にはさらにズールー戦争で英国に敗れて征服される。また、ガザ王国については、後に見るようにみずからも植民地宗主国でありながら、他の欧州列強との競争を必死で生き延びようとするポルトガルによって倒され（一八九五年）、その最後の王グングニャーナは虜囚となって悲劇的な死に追いやられる。

　ちなみにシャンガーナ族もズールー族、ショナ族、あるいはヤオ族と同じバンツー語系ンゴニ語族から派生しており、モザンビークの人々はほぼバンツー語系であって今なおシャンガーナ語はモザンビーク南部の主要言語である。*

＊ 現在、モザンビークの識字率は約五三％であるが、一九七五年の独立時点では五％程度であった。植民地時代にポルトガル語が使えたのはアシミラード（同化民＝準ポルトガル人）のみで、一般の人々はそれぞれの部族言語で生活していた。

3 ガザ王国

ガザ王三代の間、初代ソシャンガネを継いだ二代ムジラ王はモスリーゼ（現モザンビーク・マニカ州）に遷都した。そして最後のグングニャーナ王はマンジャカゼ（現ガザ州）へ二回目の遷都を行った。遷都のきっかけは主として王位継承にまつわる他のアフリカ現地部族の介入・圧迫であった。そうした圧力に対してガザ王国は、当時、鉱物資源と戦略的要衝であるデラゴア湾周辺の掌握をもくろむポルトガルを、王位継承問題といういわば身内の内紛におけるカウンターバランスとして用いようとしたが、かえって裏目となったのは当然と言えよう。そもそも欧州列強の間ではベルリン・コンゴ会議を経てアフリカ分割をめぐる基本的な話はついており、もはやガザ王国は列強間の緩衝地帯、いわばゲームのカードでしかなくその運命ははかないものであった。遷都などで脆弱となったガザ王国が支配する地域周辺の首長たちに対し、ポルトガルが庇護と交換に納税を求める形で触手を伸ばしていることを看取したグングニャーナ王は、ついで英国からの支援を模索した。

しかし、デラゴア湾のポルトガル領有をマクマオン仏大統領の仲裁によってかろうじて英国に認めさせていたものの（一八七五年）、英国の膨張傾向は顕著であった。特にトランスヴァールがポルトガルの手に落ちることを防ぐべく英国があえてズールー王国の併合（一八七七年）にまで踏み切った事実などから、ポルトガルは急迫する英国の脅威を強く覚えていた。そのためポルトガル自身も「ガザ王国が英国の支配下に組み込まれる前に……」と、ガザ王国の「防衛的」併呑を決断する。

グングニャーナ王の決起

追い込まれた「ガザのライオン」グングニャーナ王は一八九四年、マプト王国の首長ムプーモはじめ地域の部族長とともに、まずロレンソマルケス駐留ポルトガル軍に対して戦端を開いた。しかしポルトガル本国から派遣されたアントニオ・ジョゼ・エネス前海軍・植民地相やモゼーニョ・ディ・アルプケーケ将軍たちの装備との能力差を埋めることはできず、マラクエネやイニャンバネの戦いの後、一八九五年にグングニャーナ王は現ガザ州チャイミテで捕縛され、首都マンジャカゼは陥落した。

王はリスボンを経由して大西洋上のポルトガル領アゾレス諸島のテルセイラ島に流刑となった。同地でポルトガルは肉食の王に魚食を強要し、ためにグングニャーナ王は健康を害して病没したという（一九〇六年）。アルプケーケ将軍はこの戦功により一八九六年にモザンビーク総督に任命され、そして一八九七年にはガザ王国を構成した首長、族長の抵抗もすべて終わり、モザンビーク最後の王国は消滅、その版図の南部はポルトガル植民地に編入された。*

＊ マプト旧市街（バイシャ）にある要塞では、一九八五年にようやくポルトガルから返還されたグングニャーナ王の遺骨を納めた棺が展示されている。同要塞のさほど大きくない内庭にはモザンビーク独立後に移設されたという、虜囚となったグングニャーナを後にモザンビーク総督となったアルブケーケ将軍が辱める図柄のレリーフや、同将軍の騎馬像、あるいはアントニオ・ジョゼ・エネス総督の立像がある。

ポルトガルでの共和革命へ

経済的に英国に依存するポルトガルは、その「バラ色地図」計画を「ケープからカイロ」（三C政策）をめざす英国の恫喝により断念した（一八九〇年）後は、英国との関係強化に向かっていた。後の第二次ボーア戦争直前の一八九九年一〇月には、ウィンザー秘密条約によってポルトガルは、その領土保全と引き替えに、トランスヴァール進攻のためのイギリス軍のロレンソマルケス通行を黙認している。そもそも衰退期にあったポルトガル帝国には、ラント（ウィットウォータースラント）金鉱業の勃興がもたらした地域経済の変化を英国に伍して統御する能力はなかったのである。

もっともポルトガル本国においては、英国の砲艦外交によって「バラ色地図」計画が断念させられたことへの国民間の不満が蓄積された結果、それは王制への反感となって一九〇一年には共和革命が発生する。革命により一九〇八年にはカルロス一世王が暗殺され、その皇太子だった若きエマニュエル二世王は英国領ジブラルタルに亡命、第一共和制が樹立された。

4　南アフリカでのゴールドラッシュ

新たな労働力市場

この一九世紀後半という時期は一八四〇年代にナタール（現南アフリカ）で始まったプランテーションの発展に続いてキンバリーやウィットウォータースラント（ラント）でのダイヤモンド鉱や金鉱の発見というゴールドラッシュが南部アフリカでの列強の帝国主義を後押しした時代でもあった。当然のことながら、鉱山の採掘が進めばコストは上昇する。そのため鉱山は大量かつ安価な労働力を必要とするようになり、ムフェカネ以降の混乱と困窮にあるモザンビークを含む周辺地域からの出稼ぎ金鉱労働者の流入を生み出した。直近に位置するモザンビーク南部出身の移民労働者がそれら新たな労働市場で重宝されてゆくのは当然であった。

この流れに特許会社も重要な役割を果たしている。財政的にも内陸部まで直接支配しきれなかったポルトガルは、リスクを回避しつつ実効支配の体裁を整えるために英国やフランスといった外国資本の参加を得て、モザンビークにニアサ会社、ザンベジア会社、そしてモザンビーク会社といった特許会社を設けて、あるいは民間会社の活動を特別に許して植民地経営・統治に当たらせた。しかし奴隷貿易禁止の流れもあって、中には財政的な困難を抱えたものや、外国資本自身の意向と特許を付与したポルトガル本国側の利益とが衝突する場合もあった。*

＊　モザンビークにあった「特許」会社三つのそれぞれの免許期間と活動範囲などは以下のとおり。

ニアサ会社（一八九一〜一九二九年）――イボ島に本社を置き、ルリオ川以北のカーボデルガード州一部とニアサ州（全土の約二五％）を統治した。フランス、ドイツ、そして英国資本による創業で、天然ゴムと鉱山労働者のニアサランドからの送り出しが事業のほとんどだったが、経営は不調で特許期間終了時にポルトガル政府はその延長を認めなかった。

ザンベジア会社（一八九二〜一九〇九年、ただし一九四二年まで権利は存続）――ザンベジ川河口を中心にその流域からマニカ方面あたり（全土の約一五％）を統治した。三社中で会社規模は最も大きく、セシル・ローズの英国南アフリカ会社（ＢＳＡＣ）と事実上連携しつつその会社領を統治した。ＢＳＡＣは、一八九〇年のマショナランド征服以降一九二四年にローデシアでの活動を停止するまでその地域で勢力を誇っていた。ザンベジア会社は正式にはポルトガル政府の特許を受けていなかった。

モザンビーク会社（一八九一〜一九四一年）――ベイラを中心にポルトガル直轄の南緯二二度以南を除く、中部から南部（全土の約二五％）を統治。モザンビークの会社統治領中最も広範囲を経営した。資本的にはほぼ英国企業であったが、一九四二年に現在のソファラ州とマニカ州の行政権がポルトガル政府に移った後も農業・商業分野の企業活動は継続した。今日、ポルトガル資本の下で自動車関連事業を行うモザンビーク企業の Grupo Entreposto Comercial de Moçambique はその後継企業であり、二〇一六年夏までの会長は現在中国大使であるアイレス・アリ元首相であった。アリ元首相は、二〇一二年二月に首相として訪日経験がある。

これら特許会社は当時、英国が植民地用に「発明した」移民労働者の賃金に課す小屋税をその会社統治領に導入して取り立てた。ポルトガル自身もすでに公式には奴隷制を廃止していたことから、一八六九年に「公共インフラ工事労働債務」とも呼ぶべき「チバロ」という事実上の強制労働の制度を用いることで、税の支払い能力のない原住民の「希望を募って」、南アフリカでの出稼ぎ労働に向かわせた。これによりポルトガル植民地政府は、労働力創出とインフラ建設費用を賄うだけでなく、雇用主からは登録・斡旋料などを、出稼ぎ労働者からは租税のほか、各種手数料を取ることで歳入増加を図った。

モザンビークはこうして形成された基本的経済枠組みの下で、自国領土の低開発と近隣経済圏への労働力輸出に甘んじて、爾後長く口を糊してゆくことになる。その領域で石炭、ガスといった鉱物資源が発見され、本格的な商業化に動き出すのは二一世紀の声を聞いてからである。*

＊　モザンビーク産石炭は一九世紀末にテテでその埋蔵が確認され、一九二〇年代初めにモアティーゼ地区で生産が始まった。一九五〇～八〇年代までは年間約三〇万トンを生産したが内戦でほぼ中断し、二〇一一年になってブラジルのヴァーレ社など外資系企業による採掘が動き出した。

天然ガスについては二〇世紀初頭からの探鉱努力にもかかわらず、内戦の影響もあって、パンデテマネ鉱区で南アフリカのサソール社が生産を開始するのは二〇〇四年であった。その後、二〇一〇年に北部のパルマ沖で米国のアナダルコ社が大規模天然ガス構造を発見し、日本企業を含む各国企業が活発な動きを示すようになった。

　モザンビークでは、ほかに重砂、金、黒鉛、鉄鉱石、タンタル、希土類の賦存が確認されているが、二〇一六年現在、生産に至っているのは重砂、金、黒鉛のみである。

出稼ぎ労働

　南アフリカでのダイヤモンド鉱や金鉱の発見は新たな労働需要を生み出した。南アフリカ側は安価で大量の鉱山労働者の確保を必要としたし、飢饉や強制労働を避けて、外の世界を経験し、なお確実な現金収入が得られる移民労働は、南部モザンビークの手許不如意な成年男子にとっては大きな魅力であった。

　モザンビーク総督府（ポルトガル）は一八九七年にトランスヴァール共和国と条約を結び、南アフリカへの出稼ぎ金鉱労働者の独占的募集とその見返りとしての関税優遇措置などを制度化した。さらにモザンビーク総督府（ポルトガル）と南アフリカ（当初は併呑したトランズヴァールを管轄するケープ植民地総督府・英国）は一九〇一年に独占的な鉱山労働者供給のための政府間協定に暫定合意し、さらに第二次ボーア戦争の後、南アフリカとの間では労働者供給との絡みで、トランスヴァールの輸出入貨物を原則ロレンソマルケス港経由とすることにも合意した。それ以降、両世界大戦をはさんで直近では一九七〇年まで都合一〇回、モザンビークと南アフリカ（一九六一年五月以降は共和国となった）双方は同政府間暫定協定をベースにたびたびの改訂・修正を行いながらも基本的枠組みを維持している。

後年、モザンビークの独立を勝ち取ったフレリモ政権でさえ、当初は植民地時代の残渣で南アフリカへの経済的従属を象徴する同協定の廃止を訴えていたが、協定の完全廃止は結局のところ果たせず、後に述べる「延べ払い」制度についてのみ一九七七年に廃止を見た。ここに雇用機会の提供とともに、移民出稼ぎ労働者がモザンビークにもたらす外貨収入の持つ重要な意味が感じられる。

延べ払い制度

一九二〇年代の世界的なブロック経済化への流れの中、ポルトガル本国では一九二六年五月の軍事クーデターを経て共和制は崩壊し、官僚独裁の政府が生まれていた。そこで強力な財政管理権を握ったアントニオ・サラザール蔵相（後の首相）は、それまでの関税はじめ鉄道・港湾の使用条件や労働力供給をめぐる南アフリカ側との諸合意を再確認し、改めて「ポルトガル共和国政府と南アフリカ連邦政府の協定」を一九二八年の就任直後に結んだ。

それによって、南緯二二度以南のモザンビーク出身移民労働者に対して南アフリカ側から支払われる賃金の一部はあらかじめ天引き（控除）の上、労働者の帰国後に、各ウィットウォータースラント原住民労働協会（WNLA）事務所から母国通貨（ポルトガル通貨）で支払われるという、「延べ払い」が義務となった。この「延べ払い」制度自身は一九〇九年から選択制で実施されていたもので、労働者の母国帰還とともに新規労働者（南アフリカ国内からの者を含む）との環流を促す狙いがあった。

一方ポルトガル政府には、その賃金控除分に加え、協定が規定する税、手数料などは、別途「まとめて固定レートにより人数分」を南アフリカ側から「金」現物で支払われることが制度化した。この制度のおかげで宗主国ポルトガルは受け取った「金」現物を国際市場で販売し、実勢レートとの差益を産むことで国庫をおおいに潤すことができた。モザンビーク独立後の一九七八年にこの制度は終了する。

こうした背景からモザンビークは南アフリカ金鉱地帯への最大の労働力供給地となり、総督府歳入の約八〇％は鉄道港湾および小屋税絡みのものとなった。*

＊　この点については、一九三〇（昭和五）年八月二四日付『大阪朝日新聞』の記事が興味深い（［　］内は水谷）。

「無税協定を廃し最低税率を賦課　重要な役割を演ずる黒人　特派員　八木長人

……通過貨物取扱に関しては南阿［南アフリカ］は依然としてロレンソマルケスに五〇％乃至五％の保証を与えているのだ。自国港のダーバンの脅威である外国港のロレンソマルケスに此の特恵を与える理由は単にロレンソマルケス港に対するイギリスの投資の関係ばかりではない、トランスバールの金鉱は旧領東阿［モザンビーク］から土人労働者の供給を受けなければ経営が成り立たないという重大な問題があるからだ。一九二八年二月末の調査によるとトランスバールの鉱山に働いている旧領東阿の黒人労働者は実に十万五千六百五十五人の多数に上っている。一九二七年に新に旧領からトランスバールに出稼ぎした土人五万二百四十九人、帰国したもの四万二千二百六十九人、トランスバールの金鉱の経営に旧領の土人がいかに重要な役割を演じているかは容易に首肯し得るところだ。モザンビーク協定でポルトガルはトランスバールに、旧領東阿ロレンソマルケス地方における労働者募集の権利を許容している。新協定では、旧領内の産業開発のために、雇傭労働者数に制限を加える事にはなったが、なお八万人まではトランスバールに使用を許す事になった。この黒人労働者の出稼ぎによってトランスバールも鉱山経営に非常な便宜を得ているわけであるが、旧領東阿政府としても、黒人労働者の出稼については、土人からは旅券下附料を取り雇傭主からは登録料、月割納付金などを徴収して一人当り年三十五シルの収入があるから非常に大きな財源である。」（神戸大学電子図書館システム　新聞記事文庫 アフリカ（1-033）一次情報表示　抄）

モザンビーク出身の出稼ぎ移民労働者が南アフリカにおけるアフリカ人鉱山労働者全体に占める割合は、一八九〇年代に約五〇％、一九〇〇年代始めには約七〇％にまで上昇した。その後は南アフリカ鉱山労働者の総数自身が増えたために割合としては低下したものの、一九一〇年前後にはすでに最高約八万人がモザンビーク出身であったとされる。

五〇〇キロメートル足らず東方のガザ州シブト地区からはとりわけ多くの出稼ぎ労働者が南アフリカの金鉱山に向かった。ラント鉱山会議所は一九〇三年に労働力不足に対応するために中国人労働者の導入さえ決定している。後にモザンビークの初代大統領となるサモラ・マシェル（一九三三年九月二九日生）の父親マンダンデ・マシェルもこうした鉱山労働で財をなして故郷であるガザ州シレンベネに帰還した一人であった。

移民労働者募集会社

こうした歴史的経緯は今なお痕跡を保っており、モザンビーク、特にガザ州からは多くの労働者がしごく当然のように地域の経済大国南アフリカにおもむき、出稼ぎ労働に従事している。その数は現地の外国人労働者の約三分の一だとも、これまで累計で二〇〇〇万人近くの男性アフリカ人が南アフリカの鉱山で働いてきたともいわれる。彼らに現在も職を斡旋しているアフリカ雇用局会社（TEBA）は一九世紀以来の長い歴史を持つ。

アフリカ雇用局会社は、そもそも一九〇二年にできたウィットウォータースラント原住民労働協会（WNLA）と、同じく一九〇二年以来の原住民労働募集会社の二つが、一九七七年に合併し、後にさらに改組されたものである。前者のWNLAは、モザンビークおよび南緯二二度以北の地域からの移民労働者募集のために、トランスヴァール鉱山会議所（ラントにある鉱山会社六六社が政府への要求を代表するため一八八九年に設立）の傘下に、一八九六年にできたラント原住民労働協会（RNLA）が一九〇二年に再編・名称変更したできたものである。また後者の原住民労働募集会社は、南緯二二度以南の南部アフリカ地域からの鉱山労働者募集を担った従来の組織を一九〇二年に改組してできたものである。

発生母体の一方であるラント原住民労働協会（ＲＮＬＡ）が設立された当初、トランスヴァール鉱山会議所に名を連ねた鉱山主のほとんどはトランスヴァール共和国で選挙権のない英国系入植者（アイトランダース）であった。彼らアイトランダースは、その利害を政治的に代弁するまとまった組織としても鉱山会議所を必要とした。従って安価かつ大量に労働者を確保するために生まれたＲＮＬＡは、労働者供給をめぐって建国の歴史からボーア人農場主寄りになりがちなトランスヴァール政府と英国系の新興鉱山主たちとの緊張関係の反映だったとも解釈できる。

このことは後の第二次ボーア戦争の一つの伏流水でもあったし、一九一〇年成立の南アフリカ連邦が白人農業主の経済的底上げに力を入れる一方で黒人を「原住民指定地」に押し込んだことは、勢い経済的理由から労働機会を求める黒人の間に「出稼ぎ労働制度」を普及させることにもつながった。

本書冒頭で言及した移民労働者をめぐるダーバンでの事件の遠景には、南アフリカにおける労働市場をめぐるこうした歴史的経緯と、そこに育まれたアフリカ人同士の心理的葛藤が存在するのかもしれない。

なお、南アフリカ鉱山への移民労働者の独占的リクルートを狙うウィットウォータースラント原住民労働協会（ＷＮＬＡ）の業務は、実際にはモザンビーク南部以外では実現せず、セシル・ローズの英国南アフリカ会社（ＢＳＡＣ）を含む特許企業や、ローデシア原住民労働局など他の斡旋組織と競合した結果、一九一三年の英国南アフリカ会社とポルトガル政府の取り決めによってその独占的活動領域は「南緯二二度以南のモザンビーク領」に限定された。一方でその取り決めにより、ローデシア原住民労働局は中部モザンビークでのリクルート活動も可能となった。

5　ポルトガルのサラザール独裁

モザンビークにあったポルトガルの特許会社についてはその非効率が問題視され、後に本国が一九三二〜六八年のサラザール独裁政権の下で「エスタドノヴォ」（新国家体制）に移行すると、一九二九年から四二年にかけてのライセンス終了とともに活動を停止していった。特に一九四二年には南アフリカから南部モザンビークにかけて飢饉が発生したことが大きく影響した。人々は敷物用の皮革さえも食さざるを得なかったという。

サラザール政権下では、共和国政権時代よりもポルトガルの植民地体制は強化された。アフリカのポルトガル植民地ではいかなる態様であっても政治活動は従来禁止されてきたが、サラザール政権はこれに対しさらに厳罰を以て臨んだ。扇動者と見なされた者は投獄されるか、強制労働を課されるか、あるいは亡命するほかはなかった。

一九一四年の共和国植民地法で原住民は同化民（アシミラード）と非同化民に分けられ、無犯罪で語学的にも文化的にもポルトガル人と遜色ない同化民には市民権がほぼ同等に与えられてい

カオラバッサ・ダム

た。しかし、サラザール政権になって同化民認定がきびしくなる一方、「公共目的に限る」との条件付きながらも基本的にアフリカ人の強制労働は許容・維持された。これがエスタドノヴォでの原住民政策の本質であった。

第二次世界大戦後、植民地の放棄が国際社会の潮流となってゆく中、ポルトガルは一九五一年にその植民地を「海外州」と呼び変えて再編した。これは「海外州は国際的な監視を受けるべき植民地ではなく、実質的にポルトガル国土の一部である」としてポルトガル本国との結びつき、一体性を強調することで植民地存続に対する国際社会の非難をかわそうとの方便であったといえよう。これにともなってたとえばニアサ州はかつての郡にもどされたが、後にモザンビーク独立後には再び旧に復した。

このようにして新たなポルトガル系白人の入植や資源開発があわただしく進められた。具体的にはリンポポ川下流域の潅漑や、ナカラ港の建設、アフリカ大陸屈指のザンベジ川カオラバッサ・ダム水力発電所（出力二〇〇万キロワット）の建設が着手され、ローデシアとロレンソマルケスを結ぶ鉄道も強化・延長された。一九五〇年当時、全国に八ヵ所しかなかった病院施設も増設された。この時期にモザンビークへ移り住んだポルトガル人は約一三万人に上るともいわれる*（バーミンガム『ポルトガルの歴史』）。

＊　モザンビーク在住で選挙権を有するポルトガル市民は、一九五三年時点では一万六五三七人にすぎなかったという（船田クラーセンさやか『モザンビーク解放闘争史』）。

一方で経済ナショナリズムは多少ゆるめられた面もあり、その結果海外資本の流入が見られてポルトガルの経済規模は拡大した。しかしいまだその豊かさは一九七〇年代に入ってもなおスペインを下回る欧州の最貧国レベルではあった。そうした経済力にもかかわらず、植民地へのこうした急速かつ積極的なテコ入れが行われたことは注目される。

第二部
モザンビーク独立への道

マプトの子どもたち（水谷祥子撮影）

第5章　民族自決の流れと反作用

1　フレリモ誕生

植民地支配への不満

民族自決を標榜した一九五五年四月のバンドン会議が国際社会に与えた心理的影響は、ひそかに、しかし確実にモザンビークにも及んだものと思われる。当時、学問を身につけたいと願うモザンビークの若者は「牧師になる」との名目で北部に多かった新教系教育施設に入ったり、あるいは南アフリカやジンバブエに出て英語による教育を受けていた。彼らは長ずるにつれ、たとえば原住民総括管理局による恣意的な国境通過文書の発行等々に不満を募らせていた。一九五六年にはついに人民蜂起がロレンソマルケスで発生した。そもそもはポルトガル植民地当局の横暴に抗議して逮捕された同僚の正当性を訴え、その即時解放を求める港湾労働者のストライキであったが、これが日頃のポルトガル人による植民地支配への不満と結びついて暴動へと発展したのであった。

アフリカにおける同じくポルトガル植民地であるギニアビサウやアンゴラでは、同年に「ギニアビサウ＝カーボ・ヴェルデ独立人民党（ＰＡＩＧＣ）」や「アンゴラ解放人民運動（ＭＰＬＡ）」が結成され、それぞれ独立を求めて武力闘争に入っていった。こうした動きの一部に共産党の影響を見たポルトガルは、たとえば秘密警察である国防国際警察（ＰＩＤＥ）を一九五四年に設立して植民地治安の維持に神経を費やすようになった。

国際環境と独立への機運

この頃の国際社会の枠組みを見た場合、一九五〇年代後半から東西冷戦の緊張が高まる中、ソ連と中華人民共和国は、西側陣営諸国が維持していたアフリカの植民地をそれらの本国から引き離すべくその不安定化をあおる戦略を採っていた。また、キューバはその革命イデオロギーを以て友好国を増やそうと努力していた。サラザール独裁政権下のポルトガルは、その地政学的重要性（特に大西洋上のポルトガル領アゾレス諸島の空軍基地利用）からその政体が西側諸国によって黙認され、唯一の非民主主義国でありながらも一九四九年に発足したＮＡＴＯの原加盟国として名を連ねた。同様に第二次大戦中に中立国であったポルトガルは、白人反共国家であるが故の米英など西側陣営との親和性から、一九五五年一二月には国連加盟も認められた。その植民地支配の継続もまた、こうした力学によって国際社会により事実上容認されていた。しかし、アフリカ大陸全体では特に一九五九年以降、反植民地暴動は急速に激しさを増していった。

この頃モザンビーク人は、マリやコンゴ、あるいはガーナの独立についてもラジオを通じて知っていたし、モザンビーク出身出稼ぎ移民労働者の多い南アフリカやタンザニア（タンガニーカ）、あるいはローデシア・ニアサランド連邦（中央アフリカ連邦）の一部であった隣国ザンビアやマラウイでも政党ができて、独立解放運動を始めていた。後に初代ケニア首相となるケニヤッタなどケニア・アフリカ同盟幹部の一斉逮捕をきっかけとするケニア土地自由軍の民族独立を求める闘争、世に言うマウマウ団の乱（一九五二～六〇年）もモザンビーク人に勇気を与えるものであった。

当時のハロルド・マクミラン英国首相は時代のこの流れを敏感に察知し、一九六〇年にガーナ、ナイジェリア、（南）ローデシア、そして南アフリカを歴訪した際、ケープタウンにおいて「変化の風はアフリカ大陸を吹き荒れており、それを好むか否かにかかわらず、民族意識の成長は今や政治的事実である。我々すべてはこれを事実として受け容れ、国政においてもそれを考慮に入れなければならない」と演説している。

こうした流れに対して少数白人政権が統治する南アフリカ、ローデシア、そしてモザンビーク（ポルトガル植民地政府）は「白い三角同盟」を築いて団結・連携を強めた。一方、ポルトガルからの解放・独立をめざすモザンビーク人による抗争運動の方は依然バラバラで統制のとれたものではなかった。

しかしながら多くの解放組織が乱立する中、一九六〇年六月一六日に現在のカーボデルガード州北部の町ムエダでポルトガル軍がデモ隊に向け発砲し、六〇〇人以上の死者を出すという事件（ムエダの虐殺）が発生すると、独立・解放に向けて一つの流れができた。このムエダの虐殺事件をきっかけに、カーボデルガード州を中心に反ポルトガル感情は高まり、事件後ポルトガル軍が抑圧を強化したことも火に油を注ぐこととなった。民族解放と政治的独立をめざす動きは加速した。そしてモザンビーク人の間には「ポルトガルは平和的な抵抗だけでは決して独立を許すまい。武装闘争なしには対話にも応じてこないであろう」（一九六二年のサモラ・マシェルの発言、LeFanu. *S is for Samora*）との考えが広まっていった。

解放組織の糾合

こうした祖国の変化の中、米国のノースウェスタン大学で社会学の博士号を取得後、シラキュース大学で教鞭を執っていたエドゥアルド・モンドラーネはモザンビークに帰国し、バラバラだった解放組織の糾合に奔走する。モンドラーネのジャネット夫人は白人系米国人であった。それら解放組織の中で最も勢力があったのは、南ローデシア（現ジンバブエ）のブラワヨで一九五九年に設立されたモザンビーク民族民主連合（UDENAMO、あるいはNDUとも）であり、後々、モザンビーク人の解放・独立に重要な役割を果たしてゆく。

ニアサ湖越しにタンザニア方面をのぞむ

　ポルトガル植民地政府が活発な独立・解放運動活動家を近隣諸国へ事実上追放するようにしていたこともあり、当時の南ローデシアには抑圧から逃れた政治意識の高いモザンビーク人が多く移り住んでいた。その多くはＵＤＥＮＡＭＯメンバーとなった。彼らは南ローデシアでの安全が問題となると、みずからもソ連の支援を受けて結成後間もないジンバブエ・アフリカ人民同盟（ＺＡＰＵ）に助けられて、一九六一年にタンガニーカ（後のタンザニア）へ拠点を移した。ＺＡＰＵは、その過程でＵＤＥＮＡＭＯメンバーをルサカ（北ローデシア）の統一国民独立党にも引き合わせた。

　それがきっかけとなってＵＤＥＮＡＭＯは、後にザンビアの初代大統領となるケネス・カウンダ党首からモザンビーク独立運動への全面的支援を取り付けることもできた。そしてカウンダもまた、彼らＵＤＥＮＡＭＯメンバーのタンザニアへの移動を確実にすべく、資金供与とともにタンガニーカ＝アフリカ人民族同盟（TANU）のリーダー、後の初代タンザニア大統領ジュリウス・ニエレレ宛親書を認めることさえしてくれた。事実上、独立国となっていたタンザニアを拠点にできたことで、UDENAMOは比較的容易にガーナなど新たに独立した国々とも接触が持てるようになった。

隣国タンザニアなどの支援

一九六〇年暮れには国連で総会決議1514（植民地独立付与宣言）が採択されていた。タンガニーカは平和裏に一九六一年一二月に英連邦内の独立国となっており、同じ年にアンゴラで始まった植民地解放戦争を抱えたポルトガルはゴアをインドに返還した。一九六四年に成立したタンザニアのニエレレ大統領は、タンガニーカ時代から徹頭徹尾、モザンビークの解放運動（後述のフレリモ）を支持し、みずからの国自身が独立達成直後の「何もない」時期であるにもかかわらず、「アフリカの一部に植民地の頚木が残るかぎり、タンザニアはみずから独立したと考える訳にはいかない」という歴史的演説を行い、モザンビーク独立をめざす活動家たちをいっそう勇気づけた。

この時期、モザンビーク解放運動の若手活動家の中には奨学金を得てガーナのウィネバにあるエンクルマ思想研究所で学んだ者もあった。エンクルマは主に東ドイツと中国の支援を受けてアフリカの反政府活動家のための訓練センターを自認し実際に運営も行っていた。同研究所ではエンクルマ・ガーナ大統領自身はもとより、当時のグロムイコ・ソ連外相も講義を行っている（Meredith. *The State of AFRICA.* Ndelana. ***From UDENAMO to FRELIMO and Mozambican Diplomacy***）。

党派間の抗争から事務所を一時閉鎖されたグループもあったが、タンザニア政府はダルエスサラーム郊外クラシニ地域にそれら各国からの「（避難民ではなく）自由戦士」の拠点となるムグラニ・キャンプを設けて支援を行った。そこにはモザンビーク民族民主連合（UDENAMO）やジンバブエ・アフリカ人民同盟（ZAPU）だけでなく、アフリカ人民族会議（ANC）や南西アフリカ人民機構（SWAPO）といった南アフリカやナミビア、コンゴ民主共和国の活動家が蝟集してお互いの闘争から得られた経験や情報の交換を行った。

フレリモの誕生へ

一九六〇年六月には、先述の「ムエダの虐殺事件」が発生していたことからモザンビーク独立闘争には火が注がれていた。そして一九六一年一一月には国連に脱植民地化特別委員会が設けられ、翌一九六二年五月にはモンドラーネなど、モザンビーク解放運動の各指導者が同特別委員会に陳情書を提出、委員会メンバーのダルエスサラーム訪問と関係者へのヒアリングが実現した。

同一九六二年五月のアクラ（ガーナ）における全自由闘士会議での実質的合意を経て、同年六月二五日、ついにダルエスサラーム（タンザニア）で主な亡命モザンビーク人の解放三組織（最も早く南ローデシアで一九五九年に発足したモザンビーク民族民主連合UDENAMO、一九五九年にケニアに拠点を設けたモザンビーク・アフリカ民族連合MANU、そして一九六一年から現在のマラウイで活動していた独立モザンビーク・民族アフリカ連合UNAMI）は、東中南部汎アフリカ自由運動PAFMECSAの全面的支援の下に大同団結し、統合抵抗組織としてのフレリモ（FRELIMO、モザンビーク解放戦線）を誕生させた。*

＊ モザンビーク解放戦線（フレリモFRELIMO：Frente de Libertacao de Moçambique、英名はMozambique Liberation Front）に糾合した三派は次のとおり。
モザンビーク民族民主連合（UDENAMO：União Democrática Nacional de Moçambique 英名National Democratic Union of Mozambique）、モザンビーク・アフリカ民族連合（MANU：Moçambique National African Union 英名Mozambique African National Union）、独立モザンビーク・民族アフリカ連合（UNAMI：União Africana de Moçambique Independente 英名National African Union of Independent Mozambique）。
なお、名称については三派それぞれNDU、ANUM、そしてAUNMと表記される場合もある。

モンドラーネは一九六二年九月のダルエスサラームにおけるフレリモ第一回党大会でその初代書記長（党首）となった。この過程でモンドラーネによる調整を強力にサポートしたのは、みずからも「ポルトガル植民地民族主義運動調整委員会」を主宰していたマルセリーノ・ドス・サントスであった。ドス・サントスは後に初代フレリモの外交担当委員を経てマシェル書記長（党首）の下で副党首を務め、二〇一六年現在、なおフレリモ中央委員会メンバーである。

この第一回党大会では、①モザンビーク人の統合と早期の独立実現、②女性の文化的発展とモザンビーク人全体の識字率向上、③他のポルトガル植民地のナショナリストとの協同、④国際的支援を獲得するためのプロパガンダ強化などが宣言された。

ニエレレ・タンザニア大統領はこの後も惜しみない支援をフレリモに与え、汎アフリカ主義の立場からタンザニア国内には解放独立闘争を戦うフレリモのために解放区を設け、これを提供し続けた。同大統領はさらにモザンビークのフレリモや南アフリカのＡＮＣ、あるいはナミビアのＳＷＡＰＯのためにドドマ地域のコングワにロジスティクス支援のためのキャンプを一九六四年四月に設け、フレリモに参加するモザンビーク人が増えてくると、ダルエスサラーム北の旧都バガモヨにもともとあったキャンプも彼らのために特別に拡張して提供した（バガモヨ・センター）。サモラ・マシェルは、このコングワ・センター時代にすでに男女同権の意識に目覚めており、「料理せざる者、食うべからず」「隗より始めよ」とばかりに、幹部党員の間にも料理当番を設けたとの逸話が残っている。

キャンプで育つ「モザンビーク人」

バガモヨ・センターは当初、モザンビーク人の教育レベルの低さをふまえてフレリモ幹部教育の場として使われ、そして軍事訓練も行われた。一九六二年から七五年にかけて存続したこのキャンプは、第三国で活動するフレリモ党員の訓練・トランジット拠点として使われていたが、その後タンザニア政府がモザンビーク国境により近いナチングウェアのサイザル麻工場跡にもキャンプ（ナチングウェア・キャンプ）を新たに作ると、フレリモの作戦司令部機能（後には、若干の行政機能も）と軍事訓練機能はそちらに移り、バガモヨ・センター自身はオランダ、スウェーデン、東ドイツ、米国からのボランティアを教員とするフレリモ党メンバーの子弟用初等教育施設として活用されるようになった。

現ニュシ・モザンビーク大統領もこうしたタンザニア領内のキャンプの一つ、開戦後に野戦病院等も設けられた南端の町トゥンドゥルにあった施設で初等教育を受けた一人である。

ナチングウェア・キャンプは規模が一番大きく、一つの小都市の様相を呈していたという。サモラ・マシェルは「我々はこのキャンプへ、マコンデ族、マクワ族、シャンガーナ族、セナ族等々として入り、モザンビーク人になって出ていった。同様に我々は、黒人、白人、インド人、混血ムラートとして入り、モザンビーク人になって出ていった」、従って「ナチングウェア・キャンプはモザンビーク人の国にとって意識のフィルターであり、鋳型であり、そして何よりも試験場であった」と讃えている。

そこでの軍事訓練は主に中国とソ連の教官により行われたが、ソ連の教官が座学とか知識重視の講義を行ったのに対し、中国人教官の講義は知識の裏付けを必要としない単純なゲリラ戦向きのものだったという。そのため、中国人教官の教え方はたとえば「ゲリラは水の中の魚である」

として、住民との良好な関係を築くことで農民をゲリラに変えてしまう方法など、フレリモが奪還した解放区ですぐに応用できるものであったことから、フレリモの戦士たちは大変重宝したといわれる（Ndelana. *From UDENAMO to FRELIMO and Mozambican Diplomacy*）。

2　創生期フレリモの混乱

出身地間の確執

一方、創生期の寄り合い政治集団であるフレリモ内の権力闘争にはすさまじいものがあり、特にモンドラーネ書記長や後に初代モザンビーク大統領となるサモラ・マシェル、そしてマシェルの飛行機事故死の後に第二代大統領となるジョアキン・シサノなど、植民地経済の中心だった南部出身者がフレリモ主流派を構成したことに対する他地域出身者の反発・不満は相当なものであった。特にマラウイ方面を地盤としてフレリモに合流した旧独立モザンビーク・民族アフリカ連合（ＵＮＡＭＩ）メンバーの間には、「南部出身者（ランディンズ）はポルトガル植民地政府の手先。高給を食み仲間を使って搾取できる立場にあった実質白人である」との根強い偏見があったといわれる。

当然、地域的な確執に加えて血統的なわだかまりもあったようである。ＵＮＡＭＩの系列ではないが、現在もフレリモ中央委員会委員であるドス・サントスでさえも、独立後に「自分に白人の血が入っていることが党内ではマイナスに作用した」旨、周囲に漏らしたことがあるという。フレリモの反主流派は、当時中国の強力な支援を得ていたともいわれ、また、彼らの内でフレリモと袂を分かった者の一部は、旧植民地ポルトガル人の多くとともに後の一九七四年に結成されたモザンビーク民族抵抗運動（MNR：Mozambican National Resistance）に身を投じていった。同運動は、一九七六年八月にポルトガル語の Resistencia Nacional de Moçambique、略してRENAMO（レナモ）と名称変更する。

JICAの研修生OBで親日家のンクトゥムラ青年スポーツ大臣は「自分はマプト生まれだが両親はそれぞれ北部と中部の出身。出身地域による軋轢を懸念したマシェル大統領は人々の南北まじり合いに当時一貫して熱心だった」と説明する。しかし今でもレナモ支持者はソファラ州やマニカ州など中部に多く、また、かつてのモノモタパ王国を構成したショナ族の関係者が比較的多いとの指摘もある。目を転ずると、この頃は多くの白人が革命勃発への恐怖からモザンビークからオーストラリアやニュージーランドへ出国していった時期でもある。

勝利の大会

フレリモ中央委員会は喧々諤々の議論の末、「次回党大会はリスクを冒してでも、士気を鼓舞するためにモザンビーク内解放区で開催すべし」「かりにポルトガル軍に襲撃されても、国際社会に対して『戦闘など発生していない』と詭弁を弄する植民地政府の嘘が明らかになって好都合」との結論に達した。ひそかに関係者がタンザニアから越境して、一九六八年七月に、国境に近いニアサ州マチェジェで第二回フレリモ党大会が開催された。

各国ジャーナリストや周辺国の独立解放闘士が数多く招待されながらも、ポルトガル当局には大会最終日まで何ら察知されることなくきわめて平穏裏に会議は進行した。大会ではモンドラーネ書記長の再選とあわせ、政治闘争と武力闘争を不可分一体として進めること、そして女性も含む人民すべての闘争参加などが決議されたが、西側諸国からの支援への期待もあって共産主義という文言は使われていない。中央委員会委員の数も、二〇人から四〇人に拡大された。

こういった成果から同大会は「勝利の大会」と呼ばれ、フレリモの能力を諸外国に示すこととなった。周辺国で同じように戦う独立解放組織の一部からはこれを機会にフレリモによるモザンビーク暫定（亡命）政権の樹立を勧める向きもあったが、たとえば閣僚ポストの配分などをめぐっていたずらな党内対立をさらに招き得るので時期尚早だとして採用されることはなかった。

モンドラーネ暗殺

もっとも、内部抗争自身の根は深く、それを象徴するのがエドゥアルド・モンドラーネ書記長の暗殺であった。学者肌で本に目のない同書記長は、一九六九年二月にダルエスサラームの自宅に送られてきた書籍小包爆弾により暗殺された。この事件にはポルトガル秘密警察ＰＩＤＥの走狗となったフレリモ党員の関与があったとも、ポルトガル人右翼の刺客が犯人だともいわれるが、党内派閥対立が根本的な原因だとの説が有力である。*

＊　暗殺のあった二月三日は、独立後、祝日「英雄の日」とされ、毎年、マプト市内英雄広場で大統領夫妻出席の式典が行われる。元ポルトガル外交官でモンドラーネの伝記を著したこともあるデ・ジェイススは、「いずれも狙いは達成できなかったが、モンドラーネの排除がプラスになると考えたグループは当時四つあった」として次を挙げている。
①モンドラーネの独立方針に反対するフレリモ内部、または他のモザンビーク人グループ。
②モンドラーネを傀儡にはできないと認識したソ連。
③モンドラーネは自立した知識人で危険分子だと見る中国人民軍。
④自由思想の蔓延を恐れるポルトガル人極右グループ。（LeFanu. *S is for Samora*）

暗殺されたモンドラーネ書記長の娘であるニェレティ・モンドラーネ外務副大臣は、二〇一五年六月の『ドミンゴ』紙のインタビューに対して、「父は家族や関係者を巻き込まないよう、用心して別室で小包を開いて犠牲になった」と証言しており、当時のフレリモ指導部メンバーは身に迫る危険を十分予感していたものと思われる。

ほとんどはタンザニア警察により未然に防がれたものの、この頃はドス・サントス外交担当委員ほか、党幹部には相次いで書籍爆弾が送られてきていた。またその後の調査で、モンドラーネ殺害の凶器となった爆弾は、ベイラで組み立てられてからまずマラウイに運ばれ、小包としてマラウイからタンザニアを横切ってダルエスサラームの書記長自宅に届けられたことが判明している。

ヌカヴァンダメの反抗

公然とした党内対立がフレリモを分裂直前まで追い込んだ例として、元モザンビーク・アフリカ民族連合（ＭＡＮＵ）リーダーで、最初の解放区であるカーボデルガード州地区のフレリモ代表を務めたマコンデ族長老、ラザーロ・ヌカヴァンダメのケースがある。ヌカヴァンダメは、隣国タンザニア南部にみずからの拠点を構えて越境取引で利を得ていたが、「解放区の軍司令官に政治権力まで与えるのはいかがなものか」「女性を解放闘争に対等な立場で巻き込むのはおかしい」「カーボデルガード州は独立させ、伝統的長老支配にもどすべし」「白人の妻を持つモンドラーネとドス・サントスは西側帝国主義の手先だ」などの主張を行ってフレリモ指導部を悩ませていた。

挙げ句のはてヌカヴァンダメは——おそらくポルトガルと裏取引があったのであろう——一九六八年の末にロブマ川を渡ろうとしたサミュエル・カンコンバ副司令官（一九六六年から軍司令官の地位にあったサモラ・マシェルの次席）を襲撃・殺害してタンザニアに逃亡、一九七〇年五月に始まったポルトガル軍カウルザ・ディ・アリアガ将軍の大規模な反攻「ゴルディオスの結び目」作戦に際しては、みずからのサイン入り宣伝ビラをポルトガル爆撃機から投下させている。

ポルトガル側のこの反攻は七ヵ月におよび、開戦以来初めて、フレリモは一時戦意を喪失し、ニアサ州およびカーボデルガード州から駆逐されたかに思われた。ちなみにこの反攻が開始された同じ月、サモラ・マシェルはモンドラーネの後任のフレリモ書記長（党首）として正式に選出されたばかりであった。

放逐されたシマンゴ

ヌカヴァンダメによるカンコンバ副司令官暗殺事件の裏には、モンドラーネ党首の下で副党首を務めたが、路線対立で一九七〇年にフレリモを放逐されたウリア・シマンゴの画策があったと信じられている。シマンゴは、一九六九年五月のサモラ・マシェルの一回目の結婚式では司会まで務めたほどであったが、「フレリモ指導部にはCIAの手がおよんでいる」等々の批判を繰り返し、たびたび国外脱出した後の一九八三年に、マシェル大統領によって処刑された。シマンゴ自身はソファラ州出身で、ローデシアのソールズベリー（現ハラレ）にあった組合主義教会で牧師として働くうちにモンドラーネの知己を得て、一九六二年にモザンビーク民族民主連合（UDENAMO）に加わった経歴を持つ。

シマンゴはアフリカ人民族主義を否定するフレリモの反人種主義と、政治と軍事を統合して進める解放闘争路線に当初から批判的で、特にその路線を正式に採択した一九六八年の第二回党大会以降はモンドラーネほか指導部の個々人を糾弾するようになっていた。そのため副党首の地位にあったにもかかわらず、一九六九年のモンドラーネ暗殺後にフレリモ中央委員会はシマンゴ副党首をそのまま党首に昇格させることはせず、「フレリモはシマンゴ、ドス・サントス、そしてマシェルの三頭により指導される」と決議していた。

不満を抱いたシマンゴは、ザンビアにいた亡命モザンビーク人を中国の支援を得て糾合しようとしたり、一九七四年四月のポルトガル本国での反独裁「カーネーション革命」の後にはベイラにもどってポルトガル秘密警察ＰＩＤＥの工作員と民族連合党を創設したり、さらには後述の自由アフリカ放送を使って反フレリモ演説を行う等々、目にあまる反フレリモ活動を展開していた。

後の二〇〇九年にレナモから分離して発足した政党、モザンビーク民主運動（ＭＤＭ：Mozambique Democratic Movement）の党首であるデイヴィス・シマンゴ現ベイラ市長とルテロ・シマンゴＭＤＭ国会院内総務は、一九八三年に処刑されたこのウリア・シマンゴの息子たちである。

3　フロントライン諸国

この前後、フレリモをとりまく国際関係を見ると、同党誕生に貢献した東中南部汎アフリカ自由運動（ＰＡＦＭＥＣＳＡ）は、一九六三年に現在のアフリカ連合（ＡＵ）の前身であるアフリカ統一機構（ＯＡＵ、本部はアジスアベバ）に形を変えていた。そしてそのメンバー国の多くと、強烈な個性を持ち互いを同志と見るそれら諸国の国家指導者たちは、アフリカの独立解放闘争が最終局面を迎える中でボツワナのセレツェ・カーマ大統領、タンザニアのニエレレ大統領、ザンビアのカウンダ大統領、そして一九七五年に独立をはたしたモザンビークのマシェル大統領を中心として、同年に南部アフリカ前線諸国（俗にフロントライン諸国）*を構成し、南部アフリカにおける白人支配に対抗するようになる。

＊　一九七五年の南部アフリカ前線諸国発足メンバーは、ボツワナ、タンザニア、ザンビアおよびモザンビーク。一九七六年にアンゴラ、一九八〇年にジンバブエ、一九九〇年にナミビアが参加。前線諸国の後身である南部アフリカ開発調整会議（ＳＡＤＣＣ、一九八〇〜九三年）にはこれらの国々に加えてレソト、スワジランドが参加した。一九九四年に「フロントライン諸国」が消滅する直前、南アフリカは短期間だけ同グループに参加したものの、その後、ＳＡＤＣＣについてはボイコットしていた。二〇一六年現在、ＳＡＤＣＣを発展改組したＳＡＤＣ（南部アフリカ開発共同体）は人口三億一〇〇〇万人を擁し、そのＧＤＰが七〇〇〇億ドルの巨大市場として世界から注目されている。ＳＡＤＣ事務局はボツワナにある。

新生モザンビークのフレリモ政権も、南アフリカへの経済的従属状況を断ち切るべく南アフリカへの移民労働者送り出しを制度的になくそうとしたが、それがすでに見たように隣国との移民労働者供給をめぐる国際約束（一九七〇年改訂の政府間協定）にもとづいていたことと、何よりも外貨獲得と雇用の面で大きな利益を国にもたらしたことから、その当初の意図が実現することはなかった。南アフリカへの他の主要な移民労働者送り出し国であるザンビア、レソトなども同様であった。かくしてウィットウォータースラント原住民労働協会（WNLA）はモザンビーク国内で引き続き鉱山労働者のリクルートを継続した。後にWNLAは二〇〇一年にアフリカ雇用局会社（TEBA）と名称変更を行っている。

フロントライン諸国は、一九八〇年のジンバブエ独立以降は参加国の経済的不調もあいまってその政治面でのインパクトは徐々に失われ、むしろ南アフリカによる地域経済支配*からの脱却を意図して、一九八〇年四月一日に設立された南部アフリカ開発調整会議（SADCC）や、その後より明確に地域経済統合をめざして一九九二年にSADCCを改組して発足した南部アフリカ開発共同体（SADC）へと発展的に解消していった。

＊　当時のボータ・南アフリカ政権は地域経済の支配を露骨に指向し、そのいわば経済覇権主義を「南アフリカの体制存続のための全面戦略」における対周辺国政策「星座構想」と位置づけていた（一九七九年一一月）。

南アフリカのSADC参加によって、SADCは「南アフリカへの対抗」という意味合いを失い、地域経済の統合へ向けた歩みとともに民主的政治制度の加盟国への導入を加速した。

初めての全人種参加型総選挙を経てネルソン・マンデラ大統領の下で一九九四年五月に成立した南アフリカANC政権も、九〇年代前半の一時期にモザンビークを含むSADC諸国からの移民に一定の条件で同国の市民権を付与する機会を設けた。これらは南部アフリカにおけるいわば過去克服の動きと位置づけられるが、それは同時に日々の営みに汲々とする人々の間に新たな経

済的利害対立の根を埋め込むものであった。本書冒頭の外国人労働者排斥のエピソードの陰には
そうしたもう一つの背景も見え隠れする。

4　フレリモの独立戦争

話を第二次大戦直後にもどす。ロレンソマルケスの港湾労働者は、ポルトガル植民地政府の強大・傲岸な支配力を目の当たりにしてきたが、中華人民共和国の成立による共産党支配を恐れて香港から移って来た中国人商人から情報を得たり、米国航路の黒人船員から英語とともに米国における反人種差別（公民権）運動の状況を学んだりと、国際的な動きを比較的容易に察知する環境にもあった。

当時ポルトガル政府は、アフリカ原住民を「一定の文明水準に達した同化民（アシミラード）」と、そうでない非同化民とに区別した上で、そのいずれに対してもレストランや映画館、あるいは公共施設に入る際には身分証の提示を義務づけるといった不当な扱いをさまざまに堅持していた。黒人労働者の最高月額賃金は三五〇エスクードと法定までされていた。

そうした中、一九六三年八月にロレンソマルケス港の沖仲仕たちが非合法の下でストライキを開始すると、それはまたたく間に全国的なゼネストと暴動に発展した。それでもなお、ポルトガル当局はこれらの動きに強硬な弾圧策をもって応じた。

戦闘開始

こうした状況の下、ついに一九六四年九月二五日、フレリモ中央委員会はポルトガルに対する独立・解放のための軍事行動を決定した。ロブマ川を超えてタンザニアからモザンビーク領内に進攻したフレリモの小グループは、四年前の一九六〇年六月に虐殺のあったムエダに近いチャイの町で、同日、ポルトガル植民地軍に対する組織的戦闘を最初に開始した（モザンビークでは、この九月二五日を祝日の「軍人の日」と定めている）。

フレリモ側はタンザニアとの国境の両側に住むマコンデ族の支援を得つつ、もっぱら待ち伏せと地雷戦法による戦闘を行った。この組織的戦闘の火蓋を切った一発目の弾丸を発射したのは、現在フレリモ党政治委員会委員を務めるアルベルト・シパンデである。シパンデは一九六三年にフレリモから派遣されてアルジェリアでゲリラ戦術を習得していた。

アルベルト・シパンデ

戦闘が開始されるとタンザニア南部の都市トゥンドゥルには、そこが国境に近く補給にも有利であることからフレリモの野戦病院や幼稚園・孤児院が置かれた。一九六六年以降戦線は南へ拡大し、モザンビーク全土に解放区が生まれた。この時点でフレリモの兵士は約八〇〇〇人、解放区は国土の約二〇％に達したといわれ、対するポルトガルの北部地方への投入兵力は約五万人であった。

こうした急速な展開には、特に一九六一年末から不穏さを増した隣の南アフリカにおける反アパルトヘイト闘争も心理的に作用していたであろうし、一九六五年一一月の南ローデシア白人政権による英国からの一方的独立宣言に端を発したローデシア紛争＝ジンバブエ解放戦争（〜一九七九年一二月）にも影響を与えたと思われる。加えてポルトガル本国での反サラザール政権の動き、つまり反ファシズム闘争との相互作用も指摘してよいであろう。

フレリモ側の実質的な軍司令官は一九六六年からサモラ・マシェルが務めていたが、当時のフレリモ中央委員会メンバー二〇人の中にはマシェルの後に相次いで大統領となるジョアキン・シサノ、アルマンド・ゲブーザの名前が見られるのは興味深い。いずれにせよ軍事的戦闘がモザンビークの北部から始まったことを反映して、ポルトガル軍の激しい反攻にさらされて最も被害が生じたのはニアサ州とカーボデルガード州であった。

「アフリカの年」に遅れて

ここで歴史上、「アフリカの年」とされる一九六〇年前後にはマダガスカル（一九六〇年）とタンガニーカ（一九六一年、後にザンジバルと合併してタンザニア）をのぞき、南部アフリカでは一国も独立を達成していないことを想起したい。長い白人社会の入植・定着の歴史の上に、豊かな鉱物資源がもたらす利権が社会構造を粘着させていたためといえようが、それでも植民地独立運動の波は、一九六四年にマラウイとザンビアに、一九六六年にボツワナとレソトに、そして一九六八年にスワジランドに及んだ。

これらにくらべるとモザンビークにおける独立に向けた動きはさらにほぼ一〇年、いわば「周回遅れ」となった。これは本国ポルトガルの、欧州最長となる強固なサラザール軍事政権のファシズム体制が作用したことに加え、欧州の最貧国ポルトガル自身の窮乏化により植民地が本国の余剰農民の受け皿となってきた関係上、彼ら移住ポルトガル人が現地で強力な現状維持勢力を構成していた結果でもある。

そして何よりもモザンビークでの独立闘争が、「宗主国 vs.アフリカ人解放運動」という対立軸に加えて、時の東西冷戦を反映する「西側資本主義国 vs.社会主義国」という対立軸、さらには「隣接白人国家と賦存鉱物資源に関心ある米国などの介入とそれらとの戦い」といった複数の対立軸が併行して進む、複雑で錯綜した性格を帯びていたことによる。

かくして一種の代理戦争の舞台として武力抗争も長期化したが、ポルトガル本国の独裁政権が一九七四年四月の無血軍事クーデター「四月革命（カーネーション革命）」により終焉を迎えたことは、モザンビーク独立にとって追い風となった。フレリモ第二代書記長（党首）であるサモラ・マシェルの方針により、フレリモはその解放区で養蜂業を興したり、水牛やシマウマ、ガゼルといった動物の肉を生産・加工して国境沿いで交易させるなど、地元の殖産を怠らなかった。サモラ・マシェルは一貫して自営農家となって食糧生産に従事することの重要性を説いたとされる。

こうした逸話は数多くあることから、「意外に」人間的であって規律と統制のとれたフレリモというグループの姿勢は、解放区での識字教育や病院建設といった彼らの活動を目の当たりにしたポルトガルの貧農出身の兵士や、現地を取材した先進国ジャーナリストを介して国際社会に徐々に浸透したものと思われる。とりわけフレリモの捕虜となって後に復員したポルトガル兵を通じて同様の情報がポルトガル本国にもたらされたことは、ポルトガル軍兵士自身の士気と本国での一般世論におおいに影響し、それが「カーネーション革命」の成功を容易にした可能性は大きい。

ポルトガル「カーネーション革命」

一方、その「海外州の治安維持のために」大量投入されたポルトガル植民地軍を構成する兵士の約半数はアフリカ出身であったが、そのことがポルトガルにとってマイナスに作用した面も大きい。彼らアフリカ兵は目的達成のために米軍のベトナム戦争でのゲリラ掃討戦まがいの殺戮を行い、それがキリスト教宣教師ほかを通じて国際社会に伝わったことから、ポルトガル本国にいる軍幹部の間でさえも自分たちが遂行している植民地戦争に対する批判が沸き起こるようになった。ギニアビサウ、アンゴラ、そしてモザンビークという三正面での植民地戦争を戦わねばならなかったポルトガル軍は疲弊していた。特にサラザール前首相が死去（一九七〇年）した後は、軍将校による体制批判が公然と交わされるようになった。

象徴的なのはアントニオ・スピノラ騎兵将軍が発表した著作『ポルトガルと未来』であった。彼はその中で「この植民地解放戦争でポルトガルの勝利はおぼつかない。むしろ植民地を構成要素とする連邦制をめざして政治的解決を図るべきだ」と提案し、進歩派の将校や下士官の強い支持を得た。それら軍人はポルトガル共産党の影響を受けた左派若手将校の「大尉運動」とも合流してやがて政治結社「ピクニック」を組織するようになり、さらには「国軍運動」となって一九七四年四月二五日の無血軍事クーデター「四月革命（カーネーション革命）」を実現させた。

モザンビークでは武力闘争のための武器・弾薬が、すでに一九六四年頃から魚籠やドラム缶を使い巧妙にカモフラージュされてザンビア経由でテテ州に持ち込まれていた。この事実に照らせば、もしかりにポルトガル本国での無血クーデターが発生していなければ、有りあまる武器によって独立解放闘争はさらにいっそう泥沼化して無益な血が流れていたかもしれない。

ポルトガル本国の「カーネーション革命」のニュースはモザンビーク・ラジオ・クラブや英国BBCなどを通じてすぐにモザンビークにも伝わり、たとえば、今なおアフリカ第二の規模を誇るテテ州のカオラバッサ・ダム発電所の職員やポルトガル軍守備兵の一部はその直後からフレリモへの投降を開始した*。

＊　モザンビークで民族解放闘争が始まって以来、南アフリカ共和国は「白人支配を脅かす」として、ポルトガルとの軍事と経済面での協力を強化した。カオラバッサ・ダム水力発電所の建設推進もそうした協力・援助案件の一つであった。同発電所は一九七七年に完成し、今なお多くの電力を隣国の南

アフリカ共和国に送電している。

5　独立を達成

ルサカ協定

戦闘前面での現地休戦交渉とポルトガル政府との本格的停戦交渉は直ちに始まり、モザンビーク独立に向けた交渉も一九七四年六月からザンビアの首都ルサカで開始された。双方の代表はフレリモのサモラ・マシェル書記長とマリオ・ソアレス新ポルトガル外相であった。ルサカが交渉の地として選ばれた理由には、「アフリカの問題はアフリカの地で議論されねばならぬ」とのマシェル書記長の強い意向が反映している。

交渉は秘密とされ、実務レベルの折衝は、主にポルトガルにおけるカーネーション革命の指導者の一人で反植民地主義者であるエルネスト・アンテュネスと、マシェル書記長が指名したアキノ・ディ・ブラガンサの間で数回にわたって、タンザニアのダルエスサラーム、ロンドンそしてアルジェで集中的に行われた。ゴア出身のブラガンサは解放闘争を通じてフレリモに貢献し、後にエドワルド・モンドラーネ大学アフリカ研究センターの初代所長となる。

その結果、最終的に一九七四年九月七日、マシェル書記長とアンテュネスほか七名のポルトガル代表との間でルサカ協定が合意され、「ポルトガルは九ヵ月の移行期間後、排他的にフレリモに対しすべての権限を委譲する」こととなった。かくしてフレリモはモザンビークを正当に代表するものと認められ、直ちに首相ほか六名からなるモザンビーク暫定政府が権力を掌握した。ポルトガル軍もフレリモ軍に協力して完全独立を支援することとなった。

ポルトガルのモザンビークやアンゴラでの植民地支配の終焉はアフリカ人の間に解放運動の正義を確信させ、みずからの行動への陶酔的ともいえる自信を与えた。一九七六年春には南アフリカ軍もアンゴラから撤収し、共産主義者のアンゴラ解放人民運動（ＭＰＬＡ）が勢力を拡大した。フルウールト南アフリカ首相の「黒人への教育は無意味」発言に怒り、英語に加え支配者の言語であるアフリカーンス語による中等教育推進にも反発していた南アフリカ出身の黒人学生たちは、とりわけ白人への勝利に陶酔してアフリカ人民族主義を讃えた。

しかし、何百年もの間、モザンビークを父祖の地としてきたポルトガル系の人々の意識は簡単に変わるものでもなく、たとえばルサカ協定の合意当日には、同協定に不満を持つロレンソマルケス在住ポルトガル人の一部がすぐさま暴動を引き起こした。それをきっかけにカオラバッサ湖北のフィンゴエにあった旧ポルトガル軍兵舎に集結して、ポルトガル軍を武装解除中だったフレリモ戦闘員は、少人数ごとに分けられてロレンソマルケス、ベイラ、そしてナンプラへと治安維持のために派遣された。

幸い暴動はまもなく沈静化し、その後に大規模な騒擾が発生することはなかった。今ではルサカ協定合意の九月七日は祝日「勝利の日」とされている。ちなみに交渉に粉骨砕身したブラガンサは、後にマシェル大統領とともに一九八六年一〇月一九日に飛行機事故死してしまう。

モザンビーク人民共和国誕生

一九七四年九月末には、ジョアキン・シサノを首班とするモザンビーク暫定政権がロレンソマルケスで組織され、翌一九七五年六月二五日にはモザンビーク人民共和国（People's Republic of Mozambique）が正式に独立・成立した。この日はフレリモ結党と同じ日にちで、今日では独立記念日の祝日である。同日深夜、マプト市郊外マシャバ・スタジアムで行われた独立式典において初めてモザンビーク国旗を掲揚した人物は、独立戦争の本格的開始となる一発目の銃弾をポルトガル軍に向かって発射した、現在はフレリモ党政治委員会委員を務めるアルベルト・シパンデであった。

同日、モザンビーク人民共和国の初代大統領として正式にサモラ・マシェルが就任、ジョアキン・シサノ暫定首相は外相を兼ねることとなった。式典は続き、ロレンソマルケス（マプト）市内の英雄広場建設予定地には礎石が据えられ、引き続き外交関係樹立とともに使節を派遣した国々、すなわちタンザニア、ザンビア、ギニア、ソマリア、ザイール（現コンゴ民主共和国）、エジプト、そして中国の各大使の信任状捧呈式が執り行われた。日本もモザンビーク独立と同時に国家承認を行い、二年後の一九七七年一月に外交関係を樹立した。

マシェル大統領は早々と、いまだ独立・解放のために闘争を続けるアンゴラ、ジンバブエ、ナ

ジョアキン・シサノの生家、マプト旧市街マファララ地区（絵はがきより）

ミビア、そして南アフリカのANC活動家のために「団結の銀行」設立を発表し（一九七五年一二月）、すべてのモザンビーク人に一日分の給料を寄付するよう呼びかけた。ジンバブエに対しては、マシェル大統領はその武力闘争を支援するために数千人のモザンビーク兵の派遣さえ行っている。黒人の解放と独立は一種の時代精神であった。

ポルトガル人財産の扱い

取りあえずの国家の体裁は整ったが、一九七五年末までは各省局長クラスの正式任命はなく、俸給も制度化されていなかった。急遽、タンザニア政府儀典次長を派遣してもらってプロトコール講義が行われるなどしたものの混乱はしばらく続いた。その根本的理由の一つは、植民地時代の制度をとりあえず継続運用していかざるを得ない中で、高級官僚たる学歴条件を満たす人材が全く不足していたことによる。創造は破壊より常に困難をともなう。

新生国家の直面したさまざまな問題の中で、一九七四年九月の停戦以降、国外へ脱出した約二〇万人のポルトガル人所有の不動産をめぐる扱いは特にむずかしいものであった。それら不動産は主にロレンソマルケスなどの都市に所在したが、新生モザンビーク政府は声明を発表して九〇日以内にモザンビーク国籍の者も含め、所有者は返還請求を行うべしとした。しかし請求はほとんどなかったといわれる。そして政府は多くの不動産や企業施設を国有化していった。その過程で多くの抵当権が整理されていないことも判明したため、一九七六年には国有財産保全管理局が設置された。

国有化に際してポルトガル政府側は当然に補償を要求した。これに対して新生モザンビーク政府はそれまでのすべてのモザンビーク人の奴隷的な強制労働（チバロ＝公共インフラ工事労働債務）や鉄道建設など公共工事への動員にともなうコスト、南アフリカの金鉱で働いた数多くのモザンビーク人労働者の賃金の一部として、当時のポルトガル植民地政府が南アフリカ側から固定レートで現物支給されていた「金」配当（ポルトガルはこの金現物を国際市場で売却することで莫大な収入を得ていた）の返還、さらには鉱山事故で死亡した労働者家族への補償、教育の不備への賠償等々の要求を持ち出して交渉した。

すでに述べたように、一九世紀末から一九六〇年代までは、モザンビーク地域から年平均約九〜一〇万人がラント鉱山地帯に出稼ぎに行っていたのである。「必要以上の教育をアフリカ人に施さない」ポルトガル植民地政府の基本姿勢は、一九二九年時点でモザンビークにあった公立の初等教育施設がたったの一一校で、その半分が南部に集中していた事実に示されていた。

交渉は長きにわたり、結局、両国の互いに対する請求権は相殺・放棄されることとなった。しかし、その後の内戦を経た今日でも一方の内戦当事者であるレナモ（モザンビーク民族抵抗運動）の中には、当時の国有化にともなう資本財への補償を要求し続ける声がある。

マプト港をめざす貨物船

新生モザンビークとポルトガルのこうしたやりとりをふまえ、同時に国際通貨基金（ＩＭＦ）の指導による外貨準備の再評価を検討した結果、南アフリカ政府は出稼ぎ移民労働者の賃金その他、従来の「延べ払い」部分のポルトガルへの「金」による直接配当を一九七八年に停止した。モザンビークからの鉱山労働者数とマプト港経由の貨物取扱量もこうした状況の変化によって劇的に減少したことから、モザンビーク経済にとっては大きな追加的ダメージが副次的に生じたことになる。

「運動」から「政党」へ

新生モザンビークの憲法作成も急ピッチで進められていた。風光明媚なイニャンバネ市郊外のトーフ海岸で起草された最初の憲法（一九七五年憲法）は、①生産手段の国有、②フレリモ党首は大統領で、かつ元首とする、③閣僚評議会が行政に責任を持つ、④立法府のメンバー（議員）は二一〇人、⑤フレリモによる一党支配体制、等々を骨子とする社会主義色の濃厚なものであった。初代大統領はサモラ・マシェルである。マシェル大統領は、「人間がすべて平等たるためにこそ、部族主義、無知と迷信、困窮、そしてヒトによるヒトからの搾取に対しては常に戦い続けねばならぬ」[*]と訴えた。

＊ "The fight goes on! Against what? Against tribalism, ignorance, the exploitation of man by man, superstition, poverty, hunger, the bare foot! The fight goes on so that we are all equal men!"(Ferreira, Andreia Filipa. "Samora Machel - A voice that echoes throughout eternity." *Villas & Golfe* No.11. 2015. PM Media Maputo, 2015)

その後、フレリモは一九七七年二月三日から七日にかけての第三回党大会で、マルクス・レーニン主義を標榜する「労働者と農民による先駆的運動」から本格的「政党」へと正式に脱皮した。党幹部はこの機会に党員の複婚を禁じ、一夫一婦制を受け容れない者は党員になれないようにし

トーフ海岸

ようとしたといわれる[*]。

＊　この時点でサモラ・マシェル大統領自身、かつて事実婚であった二人の女性（ソリタ・チャイアコモとイレーネ・ブケ）との間と、その後一九六九年五月に正式に結婚した女性ジョシナ・ムテンバとの間に子供をもうけていた。フレリモの戦士でもあったジョシナはすでに一九七一年四月七日（現在は祝日「女性の日」）に二五歳で病死し、その後マシェル大統領は独立直後の一九七五年九月、当時の教育大臣だったグラサ・シンビネと再婚した。子供はすべてグラサ夫人の許で育てられたが、一九八六年一〇月のマシェル大統領の飛行機事故死の後、未亡人となったグラサ夫人は一九九八年にネルソン・マンデラ南アフリカ共和国大統領と再婚する。彼女は異なる二ヵ国でファースト・レディーとなった史上初の人物である。

そこにはマシェル大統領の男女同権・女性解放

に対する強い思いが反映していたのであろう。すでにフレリモは一九七三年三月にモザンビーク女性機構（ＯＭＭ）を発足させており、その設立総会でマシェル大統領は、「女性解放とは慈善行為ではなく、人間的な情感の結果である。女性の自由は革命にとって基本的に必要不可欠である」と演説した。さらに第三回フレリモ党大会に先立つ一九七六年の第二回モザンビーク女性機構総会では、独立直後の高揚感の中、マシェル大統領は多くのセッションに参加して女性たちの問題意識、たとえば一夫一婦制、親権、共同財産権など、家族法変更の必要性について熱心に耳を傾けたといわれる。

第三回フレリモ党大会のもう一つの特徴は、モザンビーク女性機構に続いてたとえばモザンビーク青年機構（ＯＪＭ）やモザンビーク労働者機構（ＯＴＭ）といった多くの組合や組織が生まれたことである。

一九七四年のルサカ協定締結とフレリモ暫定政権へのポルトガルからの権力委譲の後、翌一九七五年九月にモザンビークが正式独立するまでの間にほぼ二〇万人のポルトガル人がモザンビークを退去していた。行政官やマネージャーだけでなく、技術者、職人から小売店主までがほぼ一斉に国を去るという現実。つまり動いていた社会が一気に停止してしまった状況を前にして、マシェル大統領は第三回党大会を終えた一九七七年三月八日に青少年に向け演説を行い、「国家再建のため個々人の志望とは別に、党が指示する任務を当面遂行するように」訴えた。

フレリモはプランテーションや各種ビジネスを国有化し、統制計画経済を導入し、集団的農業生産、特にタンザニアを真似て「土地の村有化」、つまりは村落共同体の推進を図った。また、「近代化」と称して日常生活における伝統的因習・習俗や土地の有力者による影響力行使を排除し、キリスト教会による教育や婚姻への関与さえ基本的に否定しようとした。

6 ソ連、米国との関係

若者はソ連、東欧に留学

こうしてしばらくの間、フレリモの多くの優秀な若者はソ連や東ドイツをはじめとする旧東欧諸国で高等教育の機会を得ることにもなった。彼らは俗に「三月八日世代」と呼ばれる。現在のニュシ大統領はチェコの軍事大学修士課程で機械工学を修めたし、二〇一六年三月に任命されたジュリオ・ジャネ警察庁長官はソ連で軍事訓練を受けるとともにモスクワ大学で法学を学んだ。地方レベルでもたとえばガザ州州都シャイシャイ市のエルネスト・シャンビッセ市長は旧東ドイツのグライフスヴァルト大学で哲学を学んでいる。それら人材は今なおこのモザンビークを支えている。

しかし、一方では旧東ドイツとの国家間協定により出稼ぎ（契約）労働に従事していたものの、ドイツ統一によって帰国後にモザンビーク政府経由で本来受け取れるはずであった賃金が未払いのままになってしまった不幸な人々が存在することも事実である。*

＊　ベルリンの壁崩壊の一九八九年末時点で旧東ドイツにいたモザンビーク人労働者数は約一万五〇〇〇人である。主に四年契約の職業訓練目的で一九七九年から九一年にかけて総数約二万人のモザンビーク人労働者が東ドイツに滞在したとされる（Bericht des Institutes fuer Arbeitsmarkt-und Berufsforschung. Daten 1994. Bundesrepubllik Deutschland）。

すでに一九八〇年の時点でみずからの反省も込めてマシェル大統領は、同年四月にジンバブエ独立を果たしたばかりのロバート・ムガベ首相に、「独立解放後の総選挙で見せかけのマルクス・レーニン主義者遊びをすると、白人の一斉退去を招き、かえって国作りにマイナスとなる」と助言している。その助言に従ってムガベは、ジンバブエ・アフリカ民族同盟（ＺＡＮＵ）の選挙綱領からマルクス主義や革命という単語を一切外したともいわれている（Meredith. *The State of AFRICA*）。独立当初のムガベのプラグマティックな対西側融和姿勢を生み出した背景の一部として十分想像される。

モザンビークにおいても他のアフリカ諸国と同様、「資本主義＝植民地主義」あるいは「ビジネス＝白人経営の大企業や大農場＝植民地主義の手先」との考え方が少なくとも独立当初は国民の間に強かった。しかし、そういったステレオタイプな思考はやがて純朴な人々の従来の慣習との間で矛盾や混乱を引き起こすようにもなっていった。加えて独立直後に始まった内戦による国土の荒廃等々も重なって経済は低迷し人々の困窮は続いた。

そのために一九八九年の第五回フレリモ党大会ではマルクス・レーニン主義が党綱領から結局

削除され、社会主義にもとづく国家経営は正式に断念された。そして一九九〇年一月には憲法も改正され、それにより正式国名もモザンビーク共和国（Republic of Mozambique）となった。*

＊ モザンビーク共和国憲法は、後の二〇〇四年に裁判所の召喚状発出期限の設定や弁護士の接見交通権確保を盛り込み、より民主的に改正された。

ソ連の支援

たしかにモザンビークは独立当初ソ連（当時）からおおいに支援を受けた。しかし現在のモザンビークの日常では、土地が基本的に国有であることにともなう関係諸手続き以外、かつてのソ連や社会主義固有の残渣はさほど感じられない。歴史的な関わりが短く相対的に希薄であったためだともいえよう。

植民地主義の時代、産業革命を経験しなかったロシアは他の西欧列強と異なり経済的に植民地を必要としなかった。どちらかといえば、ソ連（ロシア）がアフリカとの関わりを深めたのはむしろ第二次世界大戦後である。自国の安寧をより確実にしたいとの強烈な不安から、不凍港を求める南下政策を基本的思考としつつも、ソ連となってからはもっぱら共産主義国の拡大と、自国の安全保障に直結する周辺国の衛星国化にまず徹底して精力をつぎ込まねばならなかったとの事情もあろう。ソ連がキューバとともに積極的に関与したアンゴラ、ギニアビサウ、そしてモザンビークでの独立解放運動に対する支援も、そうしたソ連の特殊事情をふまえて見る必要がある。

モザンビークとソ連の関係は、一九六〇年代にソ連がフレリモを援助し始めた時から始まる。ソ連は独立解放闘争における反政府ゲリラ活動や政治戦略についての指導を行い、ロケット砲など多くの軍事兵器も供与した。傾向としてはソ連から軽火器、東ドイツや北朝鮮、あるいはブルガリアからＡＫ‐47（自動小銃カラシニコフ）などの小型武器が供与されていた。

多くのフレリモ指導者がモスクワでも訓練を受けた。一九七二年にはソ連、東ドイツ、キューバから合同軍事顧問団一六〇〇人がモザンビークを訪れている。

ソ連との外交関係はモザンビーク独立と同時の一九七五年六月二五日に結ばれている。モザンビーク独立後も「反革命に対抗するため」、フレリモ新政府へのソ連圏諸国による軍事支援は継続された。ソ連海軍はマプト港に補給施設を保有していた。先に述べたように軍事以外の分野でも、後にフレリモ指導者となってゆく多くの若者がソ連や旧東欧諸国でこの頃学んでいる。

内戦がエスカレートしていった一九八〇年代の初め、モザンビークには軍事顧問のソ連人約二五〇人とキューバ人約八〇〇人が残留していた。当時のマシェル大統領もソ連や中国の軍事支援をおおいに多としていたが、今では地方都市を含む病院で、技術支援の枠組みにより活躍するキューバ人医師、あるいは北朝鮮人医師を目にすることはあっても、ロシア人を目にすることはほとんどない。病院で目にする白人医師のほとんどはキューバ人医師で、全国で約四〇〇人弱が活躍している（二〇一六年六月時点）。

ソ連邦崩壊の後、ロシアとモザンビークは二〇〇七年六月に経済協力協定を調印した。また、最近では二〇一三年三月に、ラヴロフ・ロシア外相が南アフリカ経由でモザンビークを訪問し、軍事技術協力についても話し合われた模様である。モザンビーク軍装備の大宗は、なお旧ソ連製の武器や兵器であることから、新しいロシア製装備品とも親和性は高いと思われる。

米国の浮上

冷戦時代、西側陣営を主導した米国は、旧宗主国ポルトガルとの近さもあって、モザンビークとの関係ではソ連にくらべて当然一歩下がった位置にあった。そもそも米国のアフリカとの関わりは、英国の植民地時代の一六一九年に初めてアフリカ人農奴がヴァージニアに到達した時にさかのぼる。しかし、奴隷貿易反対の世論は合衆国の独立直後から根強く、一八一九年には奴隷貿易禁止の連邦法ができていた。欧州列強によるアフリカ植民地化の始まりを告げる一八八四年から八五年のベルリン・コンゴ会議には、米国代表団も参加したもののめだった存在ではなかったし、一八九九年から一九〇二年の第二次ボーア戦争の際の米国世論は、反植民地主義の立場からボーア人に好意的であった。

後には、米英首脳が第二次大戦中の一九四一年に民族自決原則を盛り込んだ大西洋憲章を発表したこと、あるいは一九五六年のスエズ動乱でイスラエルとともにエジプト攻撃を行った植民地主義国の英国とフランスに向かってアイゼンハワー米大統領が猛烈な批判を行ったこと、さらには翌五七年にアイゼンハワー大統領の代理としてニクソン副大統領がサブサハラ初となるガーナ独立式典にエンクルマ大統領の招きに応じて参加したことなどを通じて、アフリカ人の目に米国は「独立解放運動と反植民地主義における先進国中の盟主」と映るようになっていった。

皮肉なのはたとえば一九一八年のサイレント映画「ターザン」などを皮切りに、国内的にはアフリカ人に対する興味本位の偏見が米国一般市民の間に生じてしまい、それが拡大再生産されることで人種隔離政策や後の市民権運動といった社会問題の芽を米国自身の内部がはらむようになった点である。

一九六〇年代に東西冷戦が進行し、コンゴ動乱やアンゴラ紛争、そしてモザンビーク独立解放戦争などにおけるソ連の動きが懸念されるようになると、そのカウンターバランスとして米国も北大西洋条約機構（NATO）とともにそれぞれのアフリカ諸国での反ソ連勢力を結集するための工作を強めていった。こうしてアフリカ各国での紛争や内戦の中には、イデオロギーを軸に米ソ代理戦争の色彩が強いものも数多く出てきた。モザンビークに対しても米国ケネディ政権は、フレリモ初代書記長に就任するモンドラーネの側近にCIA関係者を送り込もうとしたし、国連での対ポルトガル植民地政策批判決議にはポルトガルの求めに応じてすべて反対した。

後の時代、冷戦が終結して九〇年代に入ると米国はアフリカ諸国にオーナーシップを持たせつつ、民政中心の「パートナーとしての支援」を重視するようになる。ビル・クリントン米大統領は、二〇年ぶりとなるサブサハラ公式訪問を一九九八年に行ってガーナほか五ヵ国を訪れた後、二〇〇〇年にはアフリカ成長機会法を施行することでその対象となるアフリカ諸国の産品の対米無関税輸出を可能とした。さらに二〇〇一年には「アフリカ教育イニシアティブ」を発足させる。こうしてアフリカにおける基礎教育と民間企業の育成が、今につながる米国による対アフリカ支援の中心アジェンダとなっていく。モザンビークに対しても、今や米国はOECD諸国中最大の援助供与国である。*

＊　対モザンビーク支援の上位一〇ヵ国は、①米国、②英国、③スウェーデン、④EU、⑤フランス、⑥日本、⑦ドイツ、⑧カナダ、⑨デンマーク、⑩ポルトガルである（OECD-DAC database 2014）。ほかに中国も強力な対モザンビーク支援を実施中と見られるが詳細は不明。

第6章　内戦の二〇年

1　反社会主義レナモの登場

独立の反作用

二〇一五年版国連人間開発報告書によれば、モザンビークの人間開発指数*ランキングは一八八ヵ国中、一八〇番目である。「素朴で穏やかな善き人々の何が……？」と考えた時に最初に理由として思い浮かぶのは、この国が独立を果たしてすぐに約二〇年間の内戦に突入してしまったことである。

* 人間開発指数――平均寿命、識字率や就学率などの教育水準、国民所得の三要素で比較・計測。

すでに述べたように、独立戦争を主導したフレリモが誕生したのが一九六二年、そして社会主義を標榜したフレリモによる一九七五年の国家独立は同時に一種の反動勢力結集にも作用した。

たとえばポルトガル植民地軍将校の一部やモザンビーク人の反フレリモ勢力は、マラウイを拠点に「自由アフリカ放送」を組織して反フレリモ宣伝ラジオ放送をすぐに開始した。このグループは後の一九八二年、すでにモザンビーク国内に拠点を確保していたレナモに合流する。

独立の前年、一九七四年には反社会主義のモザンビーク民族抵抗運動（英語略称はMNR、後にポルトガル語略称のRENAMOレナモに名称変更）が、ケン・フラワーを長とする白人国家ローデシアの諜報機関（ローデシア中央情報機構CIO）によって、旧ポルトガル植民地政府の秘密警察PIDE関係者を中心に編成された。[*] この発足経緯の故にこそ、当初彼らは英語名MNRを称し、その任務も新生モザンビークの不安定化と、ジンバブエ・アフリカ民族同盟（ZANU）の軍事部門であるジンバブエ解放戦線軍ゲリラをめぐる情報収集という二つの側面を有していた。

＊　「MNR生みの親」ケン・フラワーCIO長官は、ジンバブエが独立してローデシアが消滅した後も、ムガベ首相（一九八七年からジンバブエ大統領）によって同じ中央情報機構長官の地位を与えられた。フラワーは新生ジンバブエで閣僚クラスに任命された数少ない白人の一人である。独立前、CIOは何度となくムガベ暗殺を企てたにもかかわらずであるが、そこには社会主義を標榜しつつも昨日までの敵、白人諸国との和解が国の発展に不可欠と考えるムガベの計算があった。

暴虐のかぎり

ＭＮＲ（後のレナモ）は、ローデシア領内からモザンビークへ越境攻撃を繰り返し、町や村、そして公共施設を破壊した。彼らは社会主義に抵抗感のある、素朴で伝統的な社会体制しか知らない一般農民の無言の支持を得ることができた。しかしレナモの戦闘員の多くは独立戦争時にポルトガル軍に属していた者や、レナモ兵士として育成すべく国内の地方村落から幼少期に誘拐された青少年だったともいわれる。彼らの暴虐さは小説や映画の題材としても扱われた。*

＊　たとえばスウェーデンで一九九五年に出版された小説、Comedia Infantil（Henning Mankell著）と、それを元にした二〇〇六年の映画 Chronicler of the Winds（Solveig Nordlund監督）。

乳飲み子が母親の目の前で兵士によって固い床に叩き付けられる、病院の入院患者がベッドから引きずり出されて皆殺しに遇う、村の子供を集めて両親を殺させる、妻や娘をその夫や父親の目の前でレイプさせるといった暴虐は一九八〇年代に猖獗をきわめたという。特に内戦初期に見られた、冷戦両陣営あるいは白人宗主国の代理戦争的側面は徐々に後退し、八〇年代後半からはもっぱら国家当局（フレリモ）に与するか否か（レナモ）が彼我の憎しみを別ける基準となっていった。路線バスがそうした「体制側のサービスを行っている」という、ただそれだけの理由で乗客もろとも焼き打ちされたりもした。イニャンバネ州ホモイネでは一九八七年七月に一日で村人四二四人が殺される内戦中最悪の大量虐殺が発生した。

こうした手口は、ローデシア崩壊後は、同国諜報機関にかわってレナモを支援した南アフリカ諜報機関がMNR（レナモ）に伝授していたともいわれるが、みずからの独立解放闘争時代の経験に照らして「少人数によるゲリラ活動が地方村落の人々の間にいかに有効な心理的効果を生み出すか」をすでに知るフレリモ幹部にとっては文字通り恐怖であった（LeFanu. *S is for SAMORA*）。

ローデシア紛争の行方

フレリモが独立に導いた新生モザンビークの新たな攪乱要因としてMNR（レナモ）が登場し、一九八〇年代初頭にかけてモザンビーク国内での活動を活発化させてゆく一方、フレリモが当初理想とした社会主義による国家建設は行きづまりを見せていた。モザンビークの「独立後の時代」は終わり、フレリモの為政者たちは周辺関係国の思惑に神経を消耗させながら、国家運営の方針を徐々に変更してゆくこととなる。

ほぼ同じ時期、西の隣国ローデシア自身も「ローデシア紛争」の渦中にあった。ローデシアのイアン・スミス政権は、宗主国英国に対する一方的独立を一九六五年一一月に宣言し、ローデシアで一九五〇年代から労働組合運動の形で始まっていた黒人民族主義運動の弾圧を強化するとともに、モザンビークを支配するポルトガル植民地政府および南アフリカ共和国と三ヵ国で「白い三角同盟」と称する白人支配国間の協力体制を築き上げていた。イアン・スミス政権は、彼の変心をなかば期待する英国の横槍を、一九七三年時点で約二七万人を越えた現地白人コミュニティーの団結により巧妙に排除してきていた。

しかし、隣国モザンビークでポルトガル支配が崩れることは、一二〇〇キロを越えるその東部国境の不安定化を意味し、ジンバブエ・アフリカ民族同盟（ZANU）など反白人グループが勢いを増すであろう脅威であった。

英国の提案で一九六七年一月に採択された国連の対ローデシア経済制裁決議に南アフリカが参加しなかったおかげで、ローデシアは物資補給面では痛痒を感じなかった。しかし海への出口に位置するモザンビークに、一九七五年、黒人国家がついに誕生したことは、三角同盟の重要な一角の崩壊であり、その全輸出入量のほぼ八割がモザンビークのベイラ港とロレンソマルケス港を経由していたローデシアにとっては打撃となった。

一方の新生モザンビークは一九七六年二月に首都ロレンソマルケスの名称をマプトと変更し、同年三月には対ローデシア国連経済制裁に参加してローデシアとの国境を封鎖した。しかしこの制裁措置によって国連制裁の対象国であるローデシアよりもむしろモザンビーク自身が外貨収入源である貨物取り扱い手数料を失い（国連推計で年間約一億二〇〇〇万ドル）、国連史上初めての経済制裁は、よちよち歩きのモザンビーク経済に大変なダメージを与えた。ローデシアへの原油パイプラインの入り口である港町ベイラはゴーストタウン化した。

加えて南ローデシア（現ジンバブエ）内でのムガベのジンバブエ・アフリカ民族同盟（ZANU）やジョシュア・ンコモのジンバブエ・アフリカ人民同盟（ZAPU）といった、それぞれショナ族とンデベレ族を中心とする民兵組織を抱える独立闘争グループ同士の反目は、マタベランドを舞台とする混乱に南アフリカ白人政権の積極的介入を招きうるもので、両国と接する新生モザンビークにとっては反フレリモのMNR（レナモ）による破壊活動を副次的に助長しかねない頭の痛い問題であった。

イアン・スミスは外国の介入を排したローデシア問題の「国内解決」のために黒人穏健派といわば「出来レース」で下院選挙を強行し、その結果を受けて一九七九年五月に首相職を退いた。しかし国連をはじめとする国際社会はそうした意図の下に成立した国「ジンバブエ・ローデシア」を受け容れなかった。

一方、「白人支配の軍事的打破」を依然叫び続けるムガベZANU党首も、ローデシア当局によるゲリラ掃討作戦の激しさからモザンビークのサモラ・マシェル大統領とザンビアのケネス・カウンダ大統領の説得に結局応じて、本来の宗主国英国の調停イニシアティブによって関係党派が一同に会するロンドン郊外ランカスターハウスでの和平交渉に参加することとなった。かろうじて一九七九年一二月二一日にランカスターハウス協定（ロンドン合意とも呼ばれる）が成立し、翌一九八〇年四月に多数派の黒人による国ジンバブエが平和裏に成立することとなった。

南アフリカ白人政権のレナモ支援

隣国のローデシア白人政権が終わりを告げジンバブエが独立したことで、「早晩、暴力集団M

NR（レナモ）も混乱に陥るであろう」とのマシェル大統領ほかフレリモ幹部の期待は、しかし現実とはならなかった。ローデシア政府による支援をもはや期待できなくなったMNR（レナモ）は、その拠点を旧ローデシア領内からモザンビーク側マニカ州のシタトンガへ移動させた。そこでフレリモの猛攻を受けるとレナモはさらにガラグアに本拠を移した。そして、隣に共産主義化した黒人国家が誕生することに恐怖を抱く南アフリカのアパルトヘイト政権に接近し、その支援を受けるようになる。

かねて南アフリカ白人政権は、ローデシア政府崩壊をめざしてルサカ（ザンビア）から競って工作を続けたジンバブエ・アフリカ人民同盟（ZAPU）やジンバブエ・アフリカ民族同盟（ZANU）がしばしばモザンビーク北部テテ州も拠点として使っていた事実を察知しており、南アフリカにとって守るべき実質的緩衝ラインはモザンビーク南部のリンポポ川などではなく北部のザンベジ川であるとの認識であった。それ故にモザンビーク内でのレナモの活動に対して支援の姿勢を採ることは当時の南アフリカにとれば当然であったし、MNR（レナモ）にしてもローデシアから南アフリカへのいわば「スパイ・マスターのチェンジ」、あるいは「パトロン乗り換え」は当然のことであった。

外国の関与がもたらした戦争という側面の故に、一九九二年のローマでの和平交渉まで一九八〇年代を通じ一貫してモザンビーク政府は、各国メディアが「内戦」という表現で状況を表すのに対して「不安定化戦争」との表現を用いていたことは注目される。フレリモから見れば、目前で繰り広げられる戦闘は「敵対的な隣国により引き継がれ」、しかも「何年にもわたって敵対的なヴァチカン（カトリック教会）やイタリア、あるいは米国といった外国に支援された国内の反フレリモ勢力が突きつけてきた」一種の侵略戦争であった。

フレリモへの反感

この時期、「現地モザンビーク人の自由意思による反フレリモ闘争」との体裁を整えるべく、MNRは一九七六年八月にその名称をポルトガル語のレナモ（RENAMO）に変更した。こうしてもともと「土地勘のある」中部と北部モザンビークを中心にレナモは地方住民への積極的浸透を図っていくこととなる。

当時、対ローデシア国連制裁にモザンビークが参加したことで経済的な打撃をとりわけ受けたベイラ市では、与党フレリモへの反感が高まっていたという。その反感の背景には当時のサモラ・マシェル大統領以下フレリモの国政上の失敗も影を落としていた。

巷間指摘される当時のフレリモ新政権の失政とは、①富の分配の失敗、②地方に残る伝統的信仰や習慣の軽視、③多様な国民大衆に対する強引な中央集権的支配、④部族主義の全面否定、⑤本質的農業国家での農業政策の失敗、⑥みずから解放した地域が持つ固有の歴史への無理解などであった。

直面する山のような課題に焦燥感を強めたフレリモは、一九八〇年に「政治的・組織的攻勢」

と称して、腐敗や権力乱用を排除するために警察など治安機関はもとより、軍隊や刑務所、再教育施設までも動員するようになっていた。このイニシアティブを直接主導したのは、経済担当政治局員だったマルセリーノ・ドス・サントスであった。

しかし、当時のフレリモの失政を現在の我々が指摘する際には、そもそもモザンビークがかつてのポルトガル植民地政府でさえ掌握しきれなかった広大さと人々の多様さをはらむ地域であることを念頭に置く必要がある。そうした地で新たにゼロから国家を運営してゆくことは、解放区や会社を創って運営することとは全く異質な困難さをともなうものであったろう。

2　南アフリカとレナモ

南アのアパルトヘイト政策

こうしたモザンビークをとりまく状況の一つとして、二〇世紀後半の南アフリカの政情も見ておく必要がある。

かつてボーア戦争以来、南アフリカでは統治する側の英国人とアフリカーナ（ボーア人系）の間に経済的格差が存在し、それが互いの間に緊張を生み出していた。そこから彼ら「白人」は「黒人」原住民をマージナライズ、ないしは差別することで白人間の経済的格差と不満を解消しようとした。人種により職種や賃金を制限した一九一一年の鉱山労働法や、黒人居留地を定めて土地取得を制限した一九一三年の原住民土地法は、後のアパルトヘイト政策の嚆矢であった。

しかし、一九四八年のダニエル・マラン政権誕生によって整備推進が決定的となった、微に入り細をうがって白人と非白人の関係を規定する南アフリカのアパルトヘイト法体制とその人種隔離政策は第二次世界大戦後の国際社会からきびしく批判され、一九五二年以降は国連でアパルトヘイト非難決議が毎年採択されるようになった。それでも南アフリカは一九五九年にバンツー自治促進法を成立させ、部族ごとに自治を付与しようという分離政策「全面的アパルトヘイト」を推し進めた。

この法律によってアフリカ人居住地域は一〇に分割され、アフリカ人自身が自治を行うという構想「バンツースタン計画」が実行に移された。一九七〇年にはバンツー・ホームランド市民権法によってベンダ、ボプタツワナ、トランスカイ、そしてシスカイの四ホームランド（バンツースタン）が独立したが、いずれも国際社会からは独立した主権国家として見なされることはなく、逆に一九七七年には国連による対南アフリカ武器禁輸決議が発効し、ＯＰＥＣ諸国も石油輸出禁止措置を採るという有様だった。

一九一〇年に発足していた南アフリカ連邦は、こうした時代の流れに反発し、一九六一年にはボーア系白人（アフリカーナ）であるフルウールト政権が南アフリカ共和国となることを宣言していったん英連邦を離脱した。徹底的な黒人隔離政策（アパルトヘイト）は、一九六六年にフルウールト首相が議会内で精神異常の職員に暗殺された後も後任のヨハネス・フォルスター首相

（後に大統領）によって引き続き堅持された。

一九八〇年代に入って反アパルトヘイト運動が激しさを増すなか、日本や欧州を含む国際社会は経済制裁を発動して南アフリカ政府に対する働きかけを強めた。こうした流れに抵抗する南アフリカ政府は、一九七八年に首相となったピーター・ウィレム・ボータの下に「全面戦略」を標榜して、黒人周辺国に対する不安定化工作を積極化していった。それは南アフリカ共和国が持つ地域における強大な経済力と軍事力をバックにして、一方では周辺国に経済協力を提供し、他方ではある周辺国がアフリカ人民族会議（ＡＮＣ）への基地提供を行っているような場合にはそれを問題視して同国への武力攻撃を実施し、さらには当該周辺国自身が内部に抱える反政府勢力への武器供与さえ実施することを意味した。

モザンビークやボツワナとならんでＡＮＣに基地を提供していた国のうち、この戦略に屈して一九八二年にはスワジランドが、八三年にはレソトが南アフリカ政府と秘密裏に合意を結んでＡＮＣゲリラを自国から放逐した。一九七四年にモザンビークとアンゴラにおけるポルトガル支配が事実上崩れ、南西アフリカ（現ナミビア）でも社会主義シンパの黒人ゲリラが横行する状態は、それまで自国の周りにあった「共産主義とアフリカ人民族主義に対する絶縁板」を失ったアフリカ大陸南端の国、南アフリカ共和国にとっては恐怖であった。

反政府ゲリラ支援の応酬

新生モザンビークとの関係でも、南アフリカはレナモ要員をローデシアの崩壊後は自国領内にかくまい、モザンビーク国境に近いファラボルワに彼らのためのゲリラ訓練基地を設けて支援した。しかも、永きにわたって南アフリカは「親ソ連で社会主義路線をとるフレリモは、モザンビーク北部の天然の良港ナカラにソ連の海軍基地建設をいずれ許すに違いない」といった疑心暗鬼にとらわれていた。

逆にモザンビーク（フレリモ政権）にとっては、この時点において国土の結構な部分をコントロール下に置き、道路や鉄道に対する破壊工作を続けるレナモを南アフリカの白人政権が支援していることは、「せっかく手にした自由を白人によって奪い返されるかもしれない」事態であり、みずからのレーゾンデートルに関わる重大問題であった。そのためモザンビークは、南アフリカを逃れた反アパルトヘイト勢力ANC（アフリカ人民族会議）を道義的理由からも支援し、首都マプト西隣の町マトラに彼らの拠点を提供した。こうして互いの反政府勢力は、それぞれがその母国に対して隣国を拠点とする越境ゲリラ活動を行うようになる。

ANCのそうした活動に業を煮やした南アフリカ政府が、本格的にモザンビーク領内に越境してANC掃討作戦を開始したのは一九八一年一月であった。当日、南アフリカ政府軍は闇にまぎれ、フレリモの革命歌を唱いながらモザンビーク側を油断させつつ、マプト市郊外のボアネ地区からマトラ地区にかけて侵入、ANC関係者のアジトを戦車や重火器で襲撃してANCメンバー一二名を殺害した。やがて呼応するように反フレリモ政府ゲリラであるレナモは、一九八二年一二月にモザンビーク第二の都市、ソファラ州ベイラ周辺の石油および鉄道施設を大規模に破壊した。また、第四回フレリモ党大会直後の一九八三年五月に南アフリカは突如、マプト周辺のANC拠点へ航空機による爆弾投下を行い、これにより六人が死亡し三九人が重軽傷を負った。

モザンビーク側関係者は、南アフリカ軍（一部モザンビーク人は意識的に彼らを「ボーア人たち」と呼ぶ）のマプト周辺への越境攻撃は、一九八一年から八四年の停戦までの間に数回行われたが、一方、モザンビーク政府（フレリモ）軍による組織的な南アフリカ領内への越境軍事行動はなかったと説明する。

ンコマチ協定

今でもマトラ市を訪れると当時の戦闘でできた弾痕を残す建物を目にする。それでなくても洪水や旱魃にあえぎ、経済政策の不振に悩んでいたモザンビークにとって、南アフリカ政府の支援を受けるレナモの跳梁は追い打ちであった。この苦境を乗り越えようとマシェル大統領は当初ソ連に支援を求めるが果たせず、次に米国に対して南アフリカとの和解を打診した。

米国もモザンビークと南アフリカ両国が互いに反政府ゲリラ活動をクロスして支援し続けると、それがやがては東西冷戦の本格的代理戦争に拡大するのではないかと恐れていた。そのため米国が南アフリカ政府へ強く働きかけた結果、一九八四年三月一六日にモザンビークのマシェル大統領と南アフリカのボータ首相が、俗にいうンコマチ協定（正式には相互不可侵善隣条約）を結び、互いに「相手国の軍事組織、あるいは暴力・テロ集団」への基地提供などの支援を停止し、相互不可侵とすることを約束した。

これによりモザンビークはANCメンバー約八〇〇人の国外追放と引き替えに南アフリカ共和国から経済援助を引き出すことに成功した。ANCはこの取り決めによってその活動に最も適した前線基地を失い、爾後はルサカ（ザンビア）の本部から活動を継続するようになる。ンコマチ協定が調印された場所は、モザンビークと南アフリカ国境の町コマチポート近くの、特別車両が置かれた鉄道線路とンコマチ川南岸の間に南アフリカ政府が設けた特設大テントであった。

しかし、後に「現実主義者のマシェル大統領はハイエナと抱擁し、そしてハイエナは同時に彼を襲っていた」と評されるように、南アフリカ側によるモザンビークに対する不安定化工作はひそかに続き、両国の相互不信が氷解したわけではなかった。ンコマチ協定調印のほんの数週間前、南アフリカ軍軍事諜報部のファン・デア・ヴェステュイツェン将軍は、後にレナモ党首となるアフォンソ・ドゥラカマをプレトリアに呼び出し、「我々は君らを見捨てない」と述べて、向こう六ヵ月分の弾薬食糧を和平協定調印までの間にモザンビーク領内のレナモ基地に送る約束をしていたといわれる。ファラボルワはじめかつてのトランスヴァール地方に複数あった南アフリカ軍基地では、情報将校がレナモ兵士に訓練を施して彼らを破壊活動のためにひそかにモザンビーク領内に送り出し続けた。

当時マシェル大統領夫人であったグラサ・マシェル（後のネルソン・マンデラ南アフリカ大統領夫人）も、二〇一六年九月一五日付の『ノティシアス』紙へのインタビューで、「多くの人は知らないが、ローデシア崩壊とンコマチ協定締結を受けてモザンビーク政府とレナモの初めての和平交渉がひそかに一九八四年一〇月にプレトリアで実現していた。しかしほぼ合意がサインされる寸前に外部からの妨害が入った」と証言している。

これに関連して、後の一九八五年八月にジンバブエの落下傘部隊がモザンビーク中部のゴロンゴーサにあるレナモ本拠地「バナナの家」を急襲して押収したレナモ幹部の文書から、南アフリカ側がモザンビークにおける戦闘をあくまで「内戦」として国際社会にアピールするために、レナモに対していかに周到に軍事的・資金的援助をしていたかが余すところなく明らかにされた（バナナハウス文書事件）。そのため翌九月に南アフリカ政府は事実を認め、ルイス・ネル外務次官を更迭した。

この椿事に喜んだマシェル大統領は、「我々は大蛇の背骨をへし折った。しかし、その尻尾はしばらくのたうち回るであろう」と強気で演説している。もっとも、モザンビーク政府（フレリモ）側の対応も大同小異のところがあり、ANCの脱走兵がもたらした情報をもとに南アフリカ当局から証拠をつきつけられて、初めてモザンビーク側もマトラにあったANC基地の存在とその撤去をしぶしぶ認めた……というような出来事もあった。いずれにせよ歴史的にはこのンコマチ協定により当時ささやかれた「マプトのベイルート化」は回避された。

実際にレナモ側は、この頃までに中部ソファラ州のゴロンゴーサに軍事拠点「バナナの家」を移していたので、内戦状況そのものに見るべき改善は生じなかった。その後レナモの中心拠点はさらに五〇キロほど北の町マリングエに移された。そもそもゴロンゴーサは大きな自然公園地域で、レナモはその拠点近くに簡単な飛行場も有しているとされる。

レナモ支配地域では特に一九八〇年代、旧来の長老支配や黒魔術祈祷師が復活したという。これに対してサモラ・マシェルを中心とするフレリモは伝統文化とその多様性を尊重するとしながらも、そういった因習は「大衆の無知と恐怖につけ入って権力を強化する試みである」として忌避していた。

フレリモ政権の困難

政府・フレリモ側は国民の支持を得て一九七七年の第三回党大会で国是となったマルクス・レーニン主義の下、「革命を遂行する」ために地方州知事の下に村落共同体委員会を設立し、農機具などの貸し出しや集団化を通じて農民支援に力を入れた。村落共同体の発達は特にガザ州、カーボデルガード州、ナンプラ州、ニアサ州、そしてテテ州で一九八〇年および八一年に顕著であった。しかし、八二年から八四年にかけての大旱魃と内戦の激化、機械化のための部品や技術者の不足、遅々として向上しない関係者のモラルその他といった「理想と現実の狭間」でしばらくして行きづまる。

ニアサ州リシンガ近郊の村

マシェル大統領は一九八三年四月の第四回党大会で「大増産作戦」を採択、七月からゲブーザ内相（後の大統領）の下で実施に移されたが、「増産」の概念が直接の物資生産活動のみならずシングルマザーや失業者への抑圧にまで及ぶ広範なもので、あまりにも軍隊調かつ性急に過ぎたことから不評であった。そのため成果も上がらないまま三ヵ月であわただしく打ち切りとなった。

この失敗は当時のマシェル大統領の焦燥と残虐な一面を示すものだともいわれる。その後、フレリモは農村集団化と国営農場を徐々に見直して、プロテスタント系国際NGO、あるいは西側諸国や国際機関の支援も得ながら、自給自足の小農を育成・奨励するようになる。当時、農村部がMNR（レナモ）により破壊され、放置されたままであったことも食糧供給が不足する大きな原因であった。

こうした間もフレリモは、植民地時代を通じて培われた汚職や腐敗、そしてネポティズム（同族びいき）、あるいは窃盗や売春、さらには失業や麻薬といった悪習の常態化からモザンビーク人は解放されるべきだとして、独立以来の標語「新世代」をモットーに一般国民大衆の意識向上を図ろうとした。

3　マラウイとの確執

もう一つの隣国、マラウイ

ここで、次節で紹介する一九八六年一〇月一九日の、サモラ・マシェル大統領の謎に満ちた南アフリカ領内での飛行機墜落事故死に関連して、その前後のモザンビークと隣国マラウイの緊張関係を見ておきたい。

一八九一年にニアサランド（独立後マラウイ）が英国保護領となった際、ニアサ湖（マラウイ湖）南東岸に面するモザンビークを支配するポルトガルとの間では湖面の境界画定が問題となった。しかし、これについてはすでに一八八〇年から英国聖公会が湖の南東岸から約二〇キロ沖に位置するリコマ島に教会を持っていたことから、湖面の中間線を両国国境としつつも、同島および隣接のチズムル島はニアサランドに編入された。こうした経緯は一九五四年の英・ポルトガル協定によっても追認されており、現在もモザンビークとマラウイの間に国境紛争は存在しない。

他方、ニアサ湖北東岸に面するタンザニアとの間では、ドイツの第一次世界大戦敗戦の結果を重視してモザンビーク領を除く湖水面全域の領有を主張するマラウイと、一八九〇年の英・独へルゴランド条約にさかのぼり中間線を以て国境とすべしとするタンザニアとの間に今なお潜在的な対立が存在する。

新生モザンビークとの関係では一九六〇年代に立ちもどる必要がある。当時、テテ州とザンベジア州にタンザニア方面から進出して独立・解放をめざそうとするフレリモ闘士にとって、モザンビークの北方に楔のように食い込むマラウイ領を通過することは物資輸送の面からも不可欠であった。しかしそのルートは大変な鬼門で、フレリモはマットレスや魚樽に武器その他を隠して密輸することでかろうじて兵站を維持していた。

その背景には一九六三年に英国保護領ニアサランド首相となり、一九六四年七月の独立を経て一九六六年のマラウイ共和国成立後には大統領となった、ヘイスティングス・バンダの存在があった。長く英国で内科医であったバンダは、ピューリタンで英国式スリーピースとホンブルグハットを好んで着用し、四二年ぶりとなる一九五八年にニアサランドにもどると「モザンビークの大部分がニアサランドと合体するまでは心が休まない。我々は同じ民族ではないか」と民族統一主義をうたい、彼が統治するようになったマラウイはアパルトヘイト政策を採る南アフリカと国交を有する数少ないアフリカの国となった。当時、年間約八万人のマラウイ労働者が南アフリカの鉱山に出稼ぎに行っていたとの経済的事情も背景の一つである。

また、隣接するモザンビークの宗主国ポルトガルとの友好関係は内陸国マラウイが海港へのアクセスを確保する上で重要であり、マラウイは南アフリカとの国交樹立（一九六七年九月）に引き続き、ポルトガルとは一九六七年一〇月に外交関係を結び、当時の首都ブランタイヤとモザンビークの良港であるナカラ港を結ぶ鉄道（ナカラ鉄道）建設をさっそくポルトガルに要請した。

このナカラ鉄道建設をめぐっては、一九六四年から本格化していたモザンビークでの独立解放闘争に手を焼くポルトガルに代わって、結局は南アフリカがマラウイに対して、ブランタイヤからリロングェへの遷都支援とパッケージの形で都合約二七〇〇万ドルの支援を一九六八年に行っている。

フレリモから見れば、その独立闘争の過程でマラウイという国は領内で逮捕したフレリモ・ゲリラを一貫してポルトガル秘密警察ＰＩＤＥに引き渡す危険な存在であった。

不調に終始した首脳会談

サモラ・マシェルはフレリモ副司令官だった一九六五年を皮切りに、一九八六年の死の直前まで都合四回、バンダ・マラウイ首相（後に大統領）の許を公式に訪れてテテ州とザンベジア州でのフレリモの軍事活動への理解と、反フレリモ勢力への支援停止を訴えたが、ことごとく不調であった。

一九七一年からマラウイ共和国「終身大統領」となっていたバンダの許に、マシェル大統領は一九八四年一一月に三度目となる訪問を行った。それはマラウイに潜むレナモが国境で接するテテ州とザンベジア州で特に一九八二年以降頻繁に襲撃事件を起こしていることと、一九八四年三月にモザンビークと南アフリカの間で先述のとおり相互不可侵のンコマチ協定が結ばれたことをふまえてのものであった。しかし、やはりというべきか交渉に進展はなかった。

当時、社会主義体制をとるモザンビークやタンザニアに隣接する独裁国家マラウイは、その大統領みずからが西側世界のための防波堤となること、さらには「西側にとってのアフリカのペット独裁者」と呼ばれて重宝されることに自信と喜びを深めていたものと思われる。みずからを「征服者（Ngwazi）」と称するようになっていたバンダ大統領が、南アフリカ白人政権と呼応してマラウイ領内でレナモに拠点を提供し、そのメンバーに旅券発給などの支援を行っていたことはなかば公然の秘密であった。

一九八六年九月にバンダ大統領とマシェル大統領は、マラウイ第二の町ブランタイヤで四度目の、そして最後となる会見を行った。この会談には同じくモザンビークの隣国であるザンビアのカウンダ大統領とジンバブエのムガベ大統領も同席した。三人の大統領はバンダ大統領を説得して、南アフリカの白人政権がマラウイを対フレリモ戦闘の発射台として使う状態をなんとか終わらせようとしたとされるが、ほとんど見るべき成果はなかった。

モザンビーク中部ゴロンゴーサ自然公園に飛行場さえ備えた拠点を持つレナモにとって、モザンビークに楔のように北から食い込んでいるマラウイは重要な補給地であった。失望してマプト空港にもどったマシェル大統領は、そこでの記者会見で「マラウイがこのままレナモを支援し続けたらどう対応するのか」と問われて、「国境沿いにミサイルを配置し、モザンビーク領を経由してマラウイと南アフリカを結ぶ交通路の国境を閉鎖するつもりである」と答えたとされる。マシェル大統領が飛行機事故で死亡する五週間前のことである。この記者会見から約四ヵ月前の五月には、マシェル大統領夫妻は日本を公式訪問していた。

時は移り二〇一六年はじめ、マラウイと国境で接するモザンビークのテテ州から多くの難民がマラウイに向かい、国境のマラウイ側（ムアンザ郡カビゼ地区）で国連難民高等弁務官（UNHCR）の設置するキャンプに一時一万人を超える難民が収容されるという事態が発生した。そもそもこの難民キャンプは、モザンビークにおける政府とレナモの軍事的緊張の高まりを受けて二〇一四年二月以来設置されていたものであったが、新たな難民の発生がレナモの迫害行為によるものか、あるいはフレリモないしモザンビーク官憲が行うレナモ関係者追及の余波によって生じたものであるかは、国連を含む関係者の間でさえ必ずしも判然としなかった。

国連などの支援もあり、また、その時期に再び政府（フレリモ）とレナモの国際的仲介者を交えた対話への動きが見られたためか、事態は同年夏にはほぼ収束した。国境を跨いで同じ部族が生活しているとの事情もあるが、両国の間に存在するこれまでの歴史の積み重ねが何らかの影をもたらしているものと想像される。

4　サモラ・マシェル

モザンビークで生活する者は、独立したモザンビークの初代大統領であるサモラ・マシェルの容貌をほぼ毎日、通貨メティカル紙幣で目にしている。紙幣に使われたオリジナルの写真は一九

サモラ・マシェル（*Villas & Golfe* より）

七六年撮影のものだという。マシェル、シサノ、ゲブーザ、そして現在のニュシ大統領と、これまでの歴代四人の大統領の中で在任中に死亡（殉職）した、それも悲劇的な死に見舞われたのはマシェル大統領だけである。他の大統領経験者は皆健在でなにがしか活躍中という若い国であるが、こういった一つの事実からもモザンビークが独立達成後の混乱期は別として、おおむね安定性と人々の穏やかさを内に秘めた国であることを期待させる。

マシェル大統領の死についてはあまりに多くのストーリーが語られている。ここではマシェル大統領の墜落事故死そのものにまつわる謎と、新生モザンビークの指導者であった同大統領が国家建設の過程で抱えていたであろう苦悩について触れたい。

大統領の墜落事故死

一九八六年一〇月一九日のアンゴラ、ザンビア、モザンビークのフロントライン三ヵ国とザイール（後のコンゴ）の各大統領が参加したザンビアでのムバラ会議は二つのテーマを持っていた。一つはモブツ・ザイール大統領に圧力をかけて、米国と南アフリカの支援を受けた反アンゴラ体制運動に対する支援を止めさせること、もう一つは、同様に南アフリカの意を忖度して反フ

ゲブーザ前大統領（左）とシサノ元大統領（2016年10月22日付『ノティシアス』紙）

グラサ・マシェル夫人（左）とニュシ現大統領（2016年10月22日付『ノティシアス』紙）

サモラ・マシェルの肖像をあしらった紙幣

レリモ勢力（レナモ）を支援するバンダ・マラウイ大統領を翻意させることであった。議論は紛糾して終了は夜となった。

一泊するようにとのザンビア政府の勧めにもかかわらず、マシェル大統領は「安全面に配慮して夜間の空路移動は行わない」とのみずからの行動基準をあえて破って、そのままモザンビークにもどることを決めた。同一〇月一九日夜、マシェル大統領一行を乗せたツポレフＴＵ－１３４はザンビアのムバラからモザンビークの首都マプトに向かう途中、着陸直前に針路をそらして南アフリカ共和国内のモザンビークとの国境の町、コマチポート付近のムブッィニの丘に激突し、マシェル大統領を含む乗員四四人中、重傷でヨハネスブルグに搬送されたロシア人クルー一名と乗客九名以外は全員死亡した。

事故直後から巷間語られた多くの謎の中には、徹底した事故調査がなされなかったことが惜しまれるものもある。たとえば、「南アフリカ空軍将校を名乗る男がヨハネスブルグのＵＰ通信社に事故後すぐに電話をかけてきて、『自分の部下が墜落地近くに偽物のＶＯＲ（標準全方位ラジオ・ビーコン・ガイドシステム）と着陸灯を設置し、フライトＣ９ＣＡＡ（マシェル大統領搭乗機のコールサインであるチャーリー・ナイン・チャーリー・アルファ・アルファ）を国境近くの丘に誤誘導した』と伝えた」というものもあるが、こうした内容などは後日判明するヴォイス・レコーダー上の記録、すなわち「少し旋回することなしにこのまま真っすぐでいいのか？」*との機長の発言に航法士が「ＶＯＲは真っすぐだといっています」と応じるやりとりと符号することから、等閑視されるべきものではなかったように思われる。

* LeFanu, Sarah. *S is for SAMORA.* モザンビーク、南アフリカ共和国、およびソ連の三ヵ国による『航空機事故事実関係報告書』（"Aircraft Accident Factual Report"）は一九八七年一月一六日に公開された。

マシェル大統領機墜落現場慰霊碑（xhosaxhosa 氏撮影）

事故についての従来のモザンビーク政府の公式立場は、「大統領搭乗機は南アフリカによって誤誘導された」というだけにとどまっているが、そもそも南アフリカ側は大統領搭乗機の飛行経路をモニターし続けていたはずで、モニターしていた無線通信士は同搭乗機が所定のコースを外れて南アフリカ領内に進入し、しかもその行く手には危険なレボンボ山脈が控えていることもわかっていたはずだと思われる。しかるに彼らは大統領搭乗機に対して何の注意喚起も行っていないのはどういうことだろうか。

真実は闇の中

何らかの動機が南アフリカ側にあったと主張する

人々は、その一つとして革命家サモラ・マシェルを葬ることでフレリモを弱体化し、それによって南アフリカ白人政権にとって都合がよく、操りやすいレナモ政権をモザンビークに樹立することの魅力を指摘する。そうした動機を実現に移す一つのチャンスは、アフリカ大陸での中心的移動手段である航空機をマシェル大統領が使って南アフリカ付近を通過する時である。

実際に南アフリカのマグヌス・マラン国防相らは、事故直前の一九八六年一〇月に入るとモザンビーク国境沿いの南アフリカ北東部に武器を集積させる一方、国内メディアを通じてモザンビークによる武力侵攻の可能性を喧伝していた。しかも墜落事故前日の一〇月一八日には、トランスヴァール地方北部および東部駐在の南アフリカ軍には総動員令が出されていた。そして、マシェル大統領を具体的に「除去する」手段として使われたのが偽のＶＯＲビーコンであり、トラックの荷台にそれを設置して本物のＶＯＲビーコンがマプト空港への誘導を開始する前に大統領搭乗機を南アフリカ領内に引き込むことに成功したのではあるまいか。

現場国境をモザンビーク側に少し入った所には南アフリカの支援を得たレナモの拠点が存在したことから、南アフリカ側は、「誤誘導された大統領機がモザンビーク領内に入ってからレナモによって撃墜される。そしてレナモは勝利を謳い、他方、南アフリカ自身は『何も知らなかった』と装う」シナリオを想定していたのではないか。しかし実際にはレナモが撃墜する前に大統領搭乗機は墜落してしまった……。

いずれにせよ、事故に関係する南アフリカ側文書は、白人アパルトヘイト政権から黒人政権に移行する過程で「すべて紛失」してしまったため、アパルトヘイト廃止後の一九九八年に「南アフリカ真実和解委員会」がこの事件についても検討を行ったが、結局のところ未解明のままとなるいくつかの謎を指摘しただけにとどまった。それらの謎は、たとえば「墜落直後に重傷の生存者はほかにも複数いたが、墜落現場に駆けつけた南アフリカ当局関係者は彼ら重傷者を放置したまま、モザンビーク政府に事故を知らせる前に九時間以上かけて残骸から文書の類いを回収した」「形を留めていた搭乗者の遺体の首筋には血液サンプルを採取した痕跡があった」等々といったものであるが、おそらく真実の究明は今や永久に困難であろう。

マシェル大統領の墜落死をめぐって向けられる疑いの目に対して、当時の南アフリカ白人政権は、「ソ連のパイロットは酒に酔っていた」あるいは「ソ連のパイロットは意図的に墜落させた」と反論したが、そもそも安全を考えて夜間飛行は行わないはずであったものを、何故か直前にマシェル大統領みずからの指示でマプトに向け離陸したという事実や、ボイスレコーダーに残されたコックピットと管制塔とのやりとりを見るかぎり、それら反論もこじつけに近いように思われる。

ただ、操縦席の窓から近くに見えるはずのマプト空港の明かりが見えないことを訝りながらも、きっと曇天か停電のせいだろうと軽く考え、さらには地上接近警報音を「この機械はいつも調子が悪い」と真剣に受け止めなかったパイロットのミスは否定できないであろう。

ソ連との関係を付言すれば、この時期のマシェル大統領は東西冷戦の枠組みの中で一種の綱渡りを行っていた。同大統領は国連加盟八七ヵ国が参加した一九七七年五月のマプトにおける「ジンバブエとナミビア人民支援のための国際会議」で基調演説を行い、ローデシア問題をめぐる英国の姿勢を評価しつつ、フロントライン諸国による南部アフリカ解放支援の動きに対する国際社会の協力と、白人支配国に対する経済的圧迫の強化を訴えた。この会議は最終的に「マプト宣言」と「マプト行動計画」を採択した。

このようにマシェル大統領は、ローデシアのイアン・スミス少数白人政権に引導を渡す動きに積極的に関与すると同時に、米国の資金と南アフリカの物資援助が反モザンビーク政府勢力であるレナモを勢いづかせていることを承知の上で、サッチャー英国保守党政権とは友好関係を模索し続けた。その一方で一九八二年にモザンビークのコメコンＣＯＭＥＣＯＮ加盟要求がソ連によって拒否された後も、マシェル大統領は「ソ連との良好な関係は持続させたい」と明言、一九八三年には訪ソするなど秋波を送り続けていた。

理想と現実の狭間

レナモとの内戦状態だけでなく、モザンビークの国造りが徐々に始まった一九八〇年代前半は、国内と党内の双方でマシェル大統領にとっては綱渡りに神経を使う、あるいは「理想と生身の人間が抱く意識の差の調整」に苦悩した時期であった。すでに見たように「旧弊からの個々人の解放こそ革命であり、そのための戦いは国家の独立後も続く」として、男女同権、女性の活用といった開明的姿勢をとるマシェル大統領にくらべて、党や政府の下部組織を運営する人々の意識は依然として守旧的かつ野蛮なもので、大統領自身そうした現実にたびたび落胆し失望を味わっていたようだ。

たとえばフレリモの党再教育施設では、ちょっとした党員の不正・失敗に刑事犯なみの処罰が科されたり、不公正や汚職、さらには施設収容者に対する「中世を思わせる」むごい扱いが蔓延していたといわれる。一九八一年には大統領一行がカーボデルガード州ムエダにあったルアルア・キャンプを視察した際、大統領自身が偶然そういった実態を目の当たりにして大変ショックを受けた。そのため同キャンプはその後すぐに閉鎖されたという。

マシェル大統領自身は「人間は変化する力を無限に備えている」と信じており、そういった再教育施設こそ地方の一般大衆を処罰する場などではなく、精神的に彼らに名誉と尊厳を回復するチャンスを与え、社会にとって有用で主体的なメンバーとしてみずから生まれ変わろうと決意させる絶好の場所だと期待していた。こうした大統領の考えはその関係する多くのスピーチからうかがえる。

もっともそういった再教育施設は、皮肉にもかつての「理想に燃えた」「解放区」であるカーボデルガード州やニアサ州といった北部に多かった。理想と現実のギャップはマシェル大統領個人にも襲いかかり、同大統領の娘の一人が一六歳で妊娠したことが判明すると、彼女は赤ん坊の父親と結婚させられた上で直ちに大統領の指示により夫婦で（！）マプトからニアサ州に送られたと伝えられる。

党の軍隊であり、彼のいう「革命遂行のための揺り籠」たるべきモザンビーク軍の軍律についても、マシェル大統領自身が「無秩序と堕落がはびこっており」「大統領は何も知らされていないが、知らされていると見なされている」と嘆いている。実際に同大統領は問題が感じられたマプト郊外のボアネ駐屯地を一九八五年六月に閲兵した後、翌一九八六年一〇月二〇日付で旧世代の参謀幕僚全員をソ連で教育を受けた新世代の将校と交替させるべく、時間をかけて根回しを行って関係者全員を納得させていた。奇しくも大統領はその異動実施前日の一〇月一九日に墜落死した。軍に対する大統領の改革姿勢と事故との間に何らかの関係はないだろうか。

軍隊と同様、フレリモ党幹部についてもマシェル大統領は彼らの考え方の古さに失望していた節がある。大統領の墜落死の数ヵ月前に開かれた党中央委員会では、初めて党員に私有財産が認められ、その所有地で小作農を雇うことを可能とする規則が定められた。その前後、マシェル大統領は官邸を訪れた友人でジャーナリストのカルロス・カルドーゾに対して、「蓄財への欲求が一部党員の意思決定を左右している」としつつ、「自分（マシェル大統領）はこういった問題に対する戦略を持ち合わせていない」「負けだ」と最高権力者の孤独を打ち明けたという（LeFanu. *S is for SAMORA*）。

おそらくマシェル大統領自身は努力家であり、人間内面の性善説と精神的成長の無限の可能性を信じて止まない真の理想主義者であったのかもしれない。かつて一九六三年三月、反植民地闘争のためにフレリモに参加しようと、三〇歳のサモラ・マシェルはポルトガル秘密警察PIDEの尾行を振り切ってロレンソマルケスを脱出した。そしてベチュアナランド（現ボツワナ）のフランシスタウンを経由、南アフリカ反体制派であるANCメンバー二六人がチャーターしたダグラス・ダコタDC-3にかろうじて同乗を許されてダルエスサラーム（タンザニア）に向かった。一九八六年一〇月のムブツィニでの墜落死で終わる彼の一生は、時に「革命家マシェルの人生は米国製飛行機を使って英国保護領の滑走路から始まり、ソ連製飛行機で南アフリカのアパルトヘイト政権下の丘で終わった」と表される。

現在、マシェル大統領の遺体（の一部）は最初の妻であるジョシナ・ムテンバ・マシェル、そしてモンドラーネ初代フレリモ書記長のものとともに首都マプトの英雄広場にならんで安置されている。

第7章　内戦終結と平和構築

1　内戦終結

和平の模索

一九七五年の独立直後から内戦に入ったモザンビークでは、八〇年代に最も戦闘の拡大が見られた。一時レナモがケリマネやベイラを占拠し、首都マプトまでうかがう勢いを示したものの、ジンバブエの支援を受けたフレリモ政府軍は頑強に抵抗し、戦闘は膠着しいたずらに消耗戦となっていった。一九九〇年から九一年にかけての大旱魃によって食糧難はいっそう進み、一般国民はもとより戦闘当事者双方に厭戦気分が芽生えてキリスト教関係者を中心に和平を模索する動きが広がった。一九八四年のマシェル大統領の中国、北朝鮮訪問を通じての農民研修協力（中国）や軍事・医療協力（北朝鮮）の制度化も国民の生活改善に大きな効果はなかった。

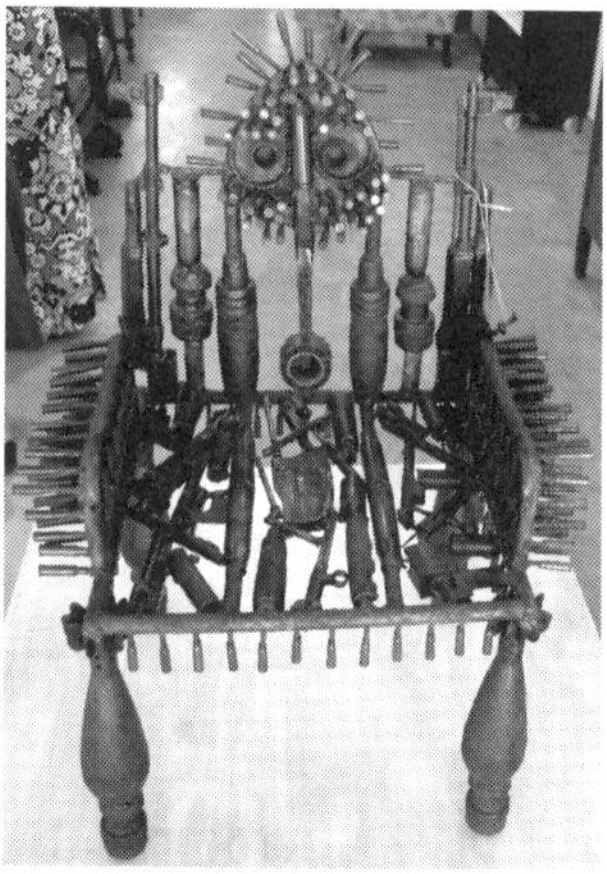

武器を芸術作品へ（水谷祥子撮影）

　また、一九八九年のベルリンの壁崩壊に続き九二年一二月にソ連邦が解体して国際政治の枠組みとしての冷戦構造が崩壊すると、フレリモとレナモをそれぞれ背後から支援していた国々の関心と力関係も変化した。冷戦期に東西両陣営それぞれからアフリカ諸国に渡っていた戦略的援助は打ち切られた。南アフリカの反体制組織・アフリカ人民族会議（ANC）も東側陣営からの財政的、軍事的テコ入れを失った。

　モザンビークでもマルクス・レーニン主義による一党独裁の限界は露呈していた。困窮する国内事情から、かねてモザンビークに対して民主化を求める西側先進国には依存せざるを得ない、自由主義や複数政党制も許容すべきだ……といった雰囲気が関係者の間に醸成された。そうした時代の流れもあって、一九九二年になってようやく、最終的には死者約一〇五万人、難民約一七〇万人、国内避難民に致っては人口の三分の一相当の約五三〇万人という犠牲の上に、後に見るようにイタリアほかの仲介によってフレリモとレナモの間で和平合意が成立した。

　そこにいたるまでに水面下では教会関係者が大きく貢献した。ディニス・セングラーネ英国国教会司教がリードして、一九八四年に両者間の対話模索が始まってから一九九〇年一二月の部分的停戦合意の頃までは、カトリック教会系よりもプロテスタント系のモザンビーク・キリスト教協議会が休戦・和平に向けて大きく貢献していた。*

＊　セングラーネ英国国教会司教のアイデアでモザンビーク・キリスト教協議会（ＣＣＭ）が開始し、元兵士から銃を回収する上で特に効果のあったプロジェクトが、「銃を鍬に」である。自発的に武器をＣＣＭに引き渡した者には、鍬などの農機具、中古の自転車やミシンが供与された。たとえば愛媛グローバル・ネットワークなど日本のＮＧＯも、日本国内で見られる駅前の放置自転車をモザンビークに送り、武器回収におおいに貢献した。このアイデアにより回収された武器を解体・再利用した芸術作品が展示される場が、マプトにあるニュクレ・ドゥ・アート協会であり、二〇一四年一月の安倍晋三総理のモザンビーク公式訪問の際には同総理夫人も立ち寄った。

植民地支配とカトリック教会

その背景を理解するにはカトリック教会が植民地支配で果たしてきた役割を想起する必要がある。すなわち、一五二二年にモザンビーク島のサン・セバスティアン要塞にカトリック教会がノサ・セニョラ・ドゥ・バルアルテ礼拝堂を建立して以来、カトリック教会は（日本を含む世界各地でそうであったように）、一貫して「未開人を教化・訓導し文明化する」という発想でモザンビークの地でも活動してきた。それは独立をめざした人々から見れば、「ポルトガル植民地政府と一体となっての原住民支配」を進めた事にほかならない。そのため、独立戦争を主導し当初社会主義を標榜したフレリモは、教会施設やその土地を没収して国有化するなど、基本的にカトリック教会に強硬な姿勢を崩さなかった。

一方の闘争相手であるレナモは、当時の白人国家ローデシアの情報機関によって反フレリモ、あるいは反社会主義のモザンビーク人または旧ローデシア黒人兵を糾合して結成された歴史を持つ。従って既述のとおり当初は英語名MNR（Mozambican National Resistance モザンビーク民族抵抗運動）を以て組織名としていたように、本質的に親欧米であった。また、レナモは同じ白人国家南アフリカからも強力な支援を得ており、心情的にもカトリック教会に近かったといえよう。

こうした当時の状況を考えれば、フレリモの対カトリック姿勢が自然と強硬になったことはある程度理解できる。このフレリモとカトリック両者間の溝をなくすきっかけとなったのが、法王ヨハネ・パウロ二世の一九八八年九月のモザンビーク訪問であった。これにより両者の間に融和が図られた後、カトリック系とプロテスタント系教会関係者は一体となって「和解と平和のための委員会」を結成し、それぞれがさらにレナモとフレリモの仲介役となって和平交渉を促進した。そして教会勢力とケニア（モイ大統領）およびジンバブエ（ムガベ大統領）の仲介により、一九八九年八月に第一回のフレリモとレナモの直接交渉がナイロビ（ケニア）で行われた。こうした動きの水面下でレナモ側は、平和を受け容れて議会政党となるための準備金として一千数百万ドルを要求したともいわれる（中澤香世「モザンビーク」）。

和平協定締結へ

第二回交渉は一九九〇年八月にローマで開催され、同年一一月の第三回交渉の後、ついに部分的停戦合意が一九九〇年一二月に成立した。これによってベイラおよびリンポポ鉄道線の線路両側一・八マイル内へのジンバブエ軍駐留が制限されるとともに（ジンバブエ軍はフレリモ政権支援にあたっていた）、レナモはその両鉄道線に対する攻撃を行わないということになった。その後、九一年五月には和平交渉において扱うべき議題が双方で合意され（「五月二八日合意議題」）、同年一〇月以降は各議題についての交渉が別個に進められるようになった。一九九二年一〇月までの間に議題ごとにまとまった合意文書は計七本にのぼる。*

＊ 後に一九九二年の包括和平協定の別添とされた合意文書（Protocol）は次の七本——Protocol I（基本原則）、Protocol II（政党の結成と認知のための基準・措置）、Protocol III（選挙法令の原則）、Protocol IV（軍事的問題）、Protocol V（保障監督）、Protocol VI（停戦）、Protocol VII（拠出国会合）。合意文書Iは一九九一年一〇月に、IIは翌一一月に、IIIは一九九二年三月に、そしてIV〜VIIは包括和平協定本体と同じく一九九二年一〇月四日付けで署名・作成されている。

一九九二年七月にはシサノ大統領とドゥラカマ・レナモ党首の初会談がケニアのモイ大統領の仲介によってボツワナの首都ハボローネで行われた。シサノ大統領は会談に向かう途中、ハラレ空港でムガベ・ジンバブエ大統領と簡単な意見調整を行っている。第二回目のシサノ・ドゥラカマ会談はムガベ大統領の仲介によりジンバブエの首都ハラレで、そして一九九二年八月にはローマで第三回目のシサノ大統領とドゥラカマ党首の直接会談がムガベ大統領も参加して行われた。その結果、政党結成の自由、政治家個人の身の安全の保証、レナモによる武装闘争放棄（文言上は、"undertakes to refrain"と努力規定となっている点に注目したい）、複数政党制議会主義のための法整備、そして年内一〇月までの和平合意をめざすとする両者サインの八月七日付共同宣言が発出された。この第三回会談のためにローマへ向かう途中、シサノ大統領はハラレ空港でのトランジットを利用して再度、ムガベ大統領と短時間ながら最終的な打ち合わせを行っている。

こうした形で和平に向けた関係者の対話は進み、ようやく一九九二年一〇月四日、別途作成されていた上述七本の合意文書を添付するモザンビーク包括和平協定がシサノ大統領とドゥラカマ党首によって調印された。これにより独立直後から一七年間続いた内戦状態はついに終結した。*

＊　移行期間とされた一九九四年一〇月までの間にレナモは武装解除を「受け容れ」て政党として認められている（同年三月）。しかし合意には付帯条件が多く、かつ曖昧な表現も含むが故に、和平交渉当初からの論点「レナモはゲリラ集団で、政党ではない」との主張はフレリモ保守派を中心に今なお喧伝される。なお一〇月四日は現在「平和の日」として祝日である。

国連モザンビーク活動

しかし、治安・社会インフラの回復はもとより兵士や難民の帰還、武器の回収、地雷の除去等々、大変な課題が山積していたことから、一九九二年一二月、国連安保理は決議797を採択、国連モザンビーク活動（ONUMOZ）が設けられて軍事、選挙、人道、および行政の四部門の支援活動を開始する。九三年までにはモザンビーク領内に駐留していたジンバブエ軍も自国内へ撤収した。ONUMOZは一九九五年一二月のモザンビーク新政府成立まで活動し、日本の自衛隊も一九九三年から九五年にかけてこれに参加、アフリカで初めてのPKO業務を行った。旧兵士の動員解除（復員）は一九九四年一月から九月にかけて行われた。彼らを経済・社会的に統合するためのプログラムである「武装解除・動員解除・社会復帰」、いわゆるDDR（Disarmament, Demobilization and Reintegration）で裨益した両軍の元兵士は都合一〇万人（うち約三〇％は少年兵とされる）にのぼった。ちなみに、モザンビーク全国に約一〇〇万個埋設されていたとされる地雷が、日本をはじめとする国際社会の支援で完全に除去されたのは、二〇一五年九月であった。

2　議会制民主主義の定着

世界の最貧国

和平が達成されても戦闘で破壊された社会基盤が自動的に旧に復する訳ではない。しかも独立戦争を主導したフレリモは、その生い立ちと新生モザンビークをとりまく国際情勢から一種必然的に社会主義を標榜した。すでに見てきた歴史的背景やポルトガル植民地政府の教育政策（率直に言って、現地人教育の無視）の結果、国民の識字率は当時五％少々で、国家を経営する人材は限られていた。一九九八年時点でさえ、公務員の八〇％は小学校教育しか受けておらず、大学卒は三％であった。さらに二〇一五年政府統計を見てもモザンビーク国民の成人識字率はようやく五〇％を越えた程度である。

当時、すでに隣国のザンビア、ローデシアも黒人国家に生まれ変わっており、独立戦争と内戦を通じて植民地時代からの見るべき白人資本はほとんど引き上げられてしまっていた。白人国家である南アフリカへの出稼ぎ鉱山労働者も激減し、彼らからの送金に頼っていたガザ州など南部の人々の収入はさらに減少し、失業者は増した。内戦終了時の国民一人当たりのＧＤＰは約七〇ドルと推定され、文字通り世界の最貧国であった。

社会主義との訣別

新生モザンビークにおける社会主義の失敗は覆いがたく、一九八四年には社会主義国として初めてＩＭＦおよび世界銀行と協定を結び資金援助を確保した。さらに八〇年代を通じて世銀やＩＭＦの各種構造調整プログラムを受け容れて公企業の転換などの努力が払われた。民主化と西側寄りの姿勢が顕著となった一九八六年頃からは米国との関係も著しく拡大し、米国はモザンビークの内戦終結のためにその関与を深めていった。

かくして第二代シサノ大統領は一九八七年一月以降、経済再建計画の下で経済の自由化に舵を

マプト市マファララ地区の小学校（水谷祥子撮影）

切り、一九八九年の第五回党大会でフレリモはマルクス・レーニン主義を正式に放棄、モザンビークは市場主義経済へと完全に方向転換した。翌一九九〇年には憲法が修正され、国名「モザンビーク人民共和国」から「人民」は消え、正式国名は「モザンビーク共和国」となった。一九九〇年憲法の下では市場改革が進められ、複数政党制も導入された。モザンビークはこうして西側に接近することで、フレリモ政権の求心力を維持しつつ西側諸国の資本力に救いを見いだそうとした。

平和定着のモデル国

一九九四年一〇月、初めての多党制で民主主義的な大統領選挙と議会選挙（総選挙）が、新憲法の下で国連選挙監視団による監督を得て行われた。結果を見ると、謎の飛行機事故でマシェル初代大統領が八六年に死亡した後に第二代大統領を務めていたジョアキン・シサノ（フレリモ党首）の得票率が五三・三％、ドゥラカマ・レナモ党首は三三・七％であった。議会選挙での各政党得票率を見ると、フレリモ四四・三％（一二九議席）、レナモ三七・八％（一一二議席）、その他諸派が一七・九％（九議席）であった。投票率は九〇％近くで、レナモは結果を受け容れてみずからを「国家に忠実な野党である」とした。国家的和解のためにも連立政権への期待が人々の間に高まった。しかし、フレリモは連立政権樹立を拒否して閣僚・州知事ポストを独占した。レナモ関係者の不満は残った。

包括和平達成時の合意であったフレリモ軍とレナモ軍を融合して編成されるべき国軍については、一九九四年八月に従来のフレリモ義勇軍、つまりモザンビーク解放人民軍とレナモ軍の一部幹部を統合してモザンビーク国防軍が設立されたものの、レナモ軍関係兵士の大宗が排除・差別されたままとなった。この点は現在にいたるまで両党対立の重要論点となっている。しかし、将来にわたってモザンビークが民主的な国造りをしてゆくための一応の土台はこうして曲がりなりにも整った。国際社会はこの進展を評価して、モザンビークを「平和定着のモデル国」と呼ぶようになった。

ちなみにポルトガルの旧植民地中、モザンビークのみが車両の左側通行と右ハンドルを採用しているが、これはサブサハラ全体のＧＤＰの約四割を占める圧倒的な地域の経済大国である南アフリカ共和国とモザンビークの、これまで見てきたような歴史的、経済的、そして社会的結びつきを反映する事象の一つである。内戦状態が終わり独立後ようやく平和を達成したモザンビーク

自動車は左側通行（マニカ州シモイオ市内）

が、間を置くことなく一九九五年にコモンウェルス（英連邦）に加盟し、その上で一九九六年発足のポルトガル語圏諸国共同体に設立メンバーとして加わったことはきわめて自然であった。*

＊　二〇一四年七月二三日、東ティモールの首都ディリでのポルトガル語圏諸国共同体（CPLP）サミットで、日本のCPLPオブザーバー参加が六加盟国の全会一致で承認された。

フレリモ政権の継続

独立以来初めてとなる一九九四年の民主的総選挙で選出され、一九九九年の総選挙でもアフォンソ・ドゥラカマ・レナモ党首を破って第二代大統領の職を務めあげたジョアキン・シサノ大統領は、二〇〇四年一二月の第三回総選挙には三選出馬しない旨を早々と表明していた。同大統領が後継者として指名したのは、アルマンド・ゲブーザ・フレリモ党幹事長であった。第三回の選挙結果を見ると、大統領選挙での得票率がゲブーザ候補六三・七％、ドゥラカマ候補は三一・七％であった。議会選挙の政党別得票率は、フレリモ六二％、レナモ二九・七三％であった。

ゲブーザ大統領と与党フレリモは、さらに二〇〇九年の総選挙でも圧倒的な強さで宿敵ドゥラカマと野党レナモを破って都合二期一〇年間の任期を全うした。シサノ大統領とゲブーザ大統領の下でモザンビークは安定的に復興し、経済はほぼ年率六〜七％という幅で拡張した。シサノ大統領時代の後半には経済成長率が年一〇％を越すことさえたびたびあった。

最大野党レナモは二〇〇八年に分裂騒動を起こして、第二の建設的野党としてモザンビーク民主運動（ＭＤＭ）が二〇〇九年三月に生まれた。デイヴィス・シマンゴ（現ベイラ市長）を党首とするモザンビーク民主運動は同年行われた総選挙で善戦して八議席を獲得した。このシマンゴ市長は、与党フレリモ創生期に路線対立で失脚して後に処刑されたウリア・シマンゴ元フレリモ副党首の息子の一人であることはすでに述べた。

独立以来これまで、地方自治体選挙は一九九八年、二〇〇三年、二〇〇八年、そして二〇一三年と五年ごとに行われているが、二〇一三年一一月の選挙ではモザンビーク民主運動所属党員が主要な四つの市、すなわちナンプラ、ベイラ、ケリマネ、グルエで市長に就任している。このことについてモザンビークの有識者の間には、「とりわけ都市部有権者の間に、フレリモ政権に対して単なる闘争姿勢しか見せられないドゥラカマ党首率いるレナモと、長期フレリモ政権の双方に対する食傷が拡がって第二の責任野党への期待が膨らんだ」と指摘する声が多い。

ゲブーザ大統領は憲法の三選禁止規定によって出馬できないことから、二〇一四年春には党内議論を経てフィリップ・ニュシ国防相がその後継大統領候補に指名された。そして同年一〇月の第五回目の総選挙でニュシ第四代大統領が得票率五七・〇三％で誕生した。レナモのドゥラカマ候補は得票率三六・六一％、ＭＤＭのシマンゴ候補は六・三六％であった。ニュシ大統領の就任式は二〇一五年一月に行われた（日本からはその一年前にモザンビークを公式訪問した安倍総理の特使として逢沢一郎衆議院議員が参加）。

しかし、党別に得票率と獲得議席を見た場合、与党フレリモはいずれも減らし（五六％、四七議席減）、野党であるレナモ（三二・五％、三八議席増）とＭＤＭ（八・四％、九議席増）の善戦がめだった。

シマンゴ・ベイラ市長と筆者（小井手聡太氏撮影）

民主主義の息吹

興味深いのは、首都マプトで英語により会話が通じるモザンビーク人の意外に多くが、一部フレリモの腐敗を批判しつつも、同時に長年のレナモ指導者ドゥラカマ党首を指して「独立戦争に続いた内戦中にその配下を支配した手法から抜け出せないまま、ゲリラ戦を戦うようにフレリモと対峙している」など、率直な意見を述べていたことである。新聞やテレビといったプレスもなお改善の余地はおおいにあるものの、報道の自由さと質は徐々にではあるが良くなってきている。

政府が青年・スポーツ省を設けて支援していることもあってスポーツ人口は増えており、またその関連テレビ番組も多い。首都マプトに限られるとしても、生活感覚ではここ数年徐々に音楽会や展覧会といった文化的催しがめだつようになってきた。

国際的に見れば「よちよち歩き」のレベルだとしても、こうして一般国民、特に若者が余暇を楽しみ活かそうとすることはすばらしいことに思える。中には外国で演奏会や展示会を行い、故郷に帰ると青少年に音楽や芸術の魅力を伝えるボランティア活動を行うモザンビーク人芸術家も複数存在する。日本人芸術家とともにボランティア・ベースでクラッシック音楽演奏の魅力を青少年に伝えようとしているグループもある。彼らのパーフォーマンスには、たいてい閣僚クラスを含む政官界の有力者が外国人とともに顔を出している。

こうした交流を通じた心の共感に制約を設けることは無意味かつ不可能であるのは当然で、それ故にこのトレンドがある以上、総じてモザンビークにおける民主主義の定着に逆行はないと考えられる。モザンビークの将来には間違いなく光明が見える。

終章　光と陰——今後の課題——

アフリカは、二一世紀最大のフロンティアだといわれる。そして、モザンビークの人々が向かう坂の上には光が見える。しかし、依然として自由と民主主義がモザンビークの社会や国民一般にいまだ定着していないことを感じさせる事象が、残念ながらしばしば発生していることも事実であり、目を離すことはできない。さらには国境を越える国際テロ、エボラ出血熱ほかの感染症、あるいは先進各国自身が直面する経済問題、少子高齢化問題等々。

これらを考えると、世界人口の一五％、約一一億人を擁するアフリカ、特にそのうち一〇億人弱の人々が生活するサブサハラの安定と発展は、アフリカのみならず国際社会の将来を左右するものだといえる。なかでも南部アフリカの一つの重要なゲートウェイたり得るモザンビークの地政学的位置づけと天然資源をはじめとするその潜在力を考えれば、先進七ヵ国（G7）の一員であり積極的平和主義を標榜する我々日本人は、地域固有のリスクに目配りをしつつも、従来以上にみずからのレーダー・スクリーンにモザンビークを捉え続けていくべきであろう。

1　政治的対立と軍事衝突

与党フレリモ対野党レナモ

すでに見たように、一九九二年の包括和平協定の調印によりフレリモとレナモの間で続いた内戦、組織的戦闘状態は終了し、一九九四年の第一回総選挙以降はレナモも合法的政党として国政に参与するようになった。しかし、レナモ軍兵士の武装解除と国軍や警察への統合問題に加え、選挙制度や政府と与党の癒着といった論点は未解決のままとなった。そこには両者の間に横たわる根深い相互不信がある。

そうした状況に加えて、二〇一〇年に米国企業アナダルコが、二〇一二年にはイタリアのENI社がタンザニアとの国境沖合のロブマ海盆で推定八五兆立方フィート以上とも、「日本の年間需要の約四〇年分」ともいわれる大規模天然ガス構造を発見したことから、にわかに国際社会がモザンビークの潜在力に注目するようになると、フレリモとレナモの間の争点として「国富の分配の仕方」も新たに浮かび上がった。相互に疑心暗鬼を抱える政府・フレリモとレナモの間の不信と緊張はいっそう高まることとなった。

緊張は武器を使用するものにまでエスカレートし、地方、特にレナモ拠点であるゴロンゴーサ周辺のソファラ州では、レナモと見られる武装勢力と政府（フレリモ）治安部隊との小規模な衝突や通行車両への妨害が次第に散発的に繰り返されるようになった。

国土に平和を回復するという点でかろうじて一致する両者は、一九九二年のローマにおける和平合意の際に重要な役割を果たした教会関係者、並びにイタリア、英国、米国、およびポルトガル各国の側面支援も得ながら、政府側を代表するジョゼ・パシェコ農相とレナモ側のサイモン・マクイアーネ代表との間で最も困難と見られる軍事的統合問題をはじめとする上述の論点をめぐって二〇一二年末から交渉を開始、断続的ながらもこれを継続した。紆余曲折の後、二〇一四年九月五日に大統領府に於いてゲブーザ大統領（当時）とドゥラカマ・レナモ党首の会談が実現し、両者間で停戦合意文書が署名された。

総選挙結果をめぐって

しかし、その後みずからも参加して実施された二〇一四年一〇月の総選挙結果をめぐり、レナモはそこに不正があったと主張し始めた。そして自党が勝利したはずだとする北中部六州（ニアサ、テテ、ナンプラ、ザンベジア、ソファラ、およびマニカ）の自治を強硬に要求、翌年春に州自治法案を国会提出した。同法案が否決されるやドゥラカマ党首は、それまでずるずると断続的ながらも継続してきた政府・レナモ間対話を一方的に中止すると発表した（二〇一五年八月）*。

＊　ドゥラカマ党首の「六州でレナモが勝った」という表現が意味するところは曖昧である。二〇一四年一〇月一五日の総選挙では、第五回目となる大統領選挙と国会議員選挙、そして第二回目となる州

議会議員選挙の三つが同時に行われたが、大統領選挙でドゥラカマ候補がニュシ候補より優勢だったのは、マニカ、ソファラ、テテ、ザンベジア、ナンプラの五州。国会議員選挙でレナモがフレリモより優勢であったのは、ソファラとザンベジアの二州。州議会選挙でレナモが過半数議席を制したのはソファラ、ザンベジア、テテの三州であった。

こうした後、ソファラ州やマニカ州、あるいはザンベジア州といった中部モザンビークで散発的な軍事的小競り合いが再び発生するようになった。健康に不安を抱えるとも、「言を左右にする」とも評されるドゥラカマ・レナモ党首は、「第三者を介在させない大統領とドゥラカマ党首間の直接対話」を一貫して訴えてきた政府側（ニュシ大統領）に対して「自分がマプトに赴いては命の保証がない」「交渉の場には第三国など、国際的仲介者を同席させるべきだ」としてその提案を拒否しつつ、「自分は民主主義者で、すべて交渉を通じて解決する用意がある。（レナモが先の選挙で勝利したとする）六州の自治を力ずくで求めるようなことはしないが、政府軍の挑発には断固対抗する」と主張した。

政府側の若干の譲歩によって、双方三名ずつ、および国際的仲介者として三つの組織代表からなる合同委員会が二〇一六年五月に発足、大統領とレナモ党首の直接対話実現が再び模索されている。合同委員会の規模は活動開始直後にレナモと政府側双方各六名と国際的仲介者六組織に拡大された。*

＊　国際的仲介者の人選母体としてレナモ側が選んだのは、ＥＵ、カトリック教会、そしてジェイコ

ブ・ズマ南アフリカ大統領であり、政府・フレリモ側はジャカヤ・キクウェテ前タンザニア大統領、グローバル・リーダーシップ財団、およびトニー・ブレア・フェイス財団を選んだ。具体的な合同委員会への出席者は各母体が指名した。

二〇一四年の停戦合意以降、レナモが不満を持つに至った新たな要素は建前上同年秋の総選挙結果の評価につきる以上、理論的に考えれば軍事的抗争がいたずらに拡大する可能性は少ないものの、「停戦合意・合意の破棄・散発的武力衝突・双方の対話・停戦合意……」といったパターンが当分の間繰り返される可能性は否定できない。フレリモもレナモもみずからの内にハードライナーを抱えており、意見調整は容易でない節がある。世代交代にともなう課題と言い換えてもよいであろう。

特にレナモは、カリスマ性のあるドゥラカマ党首の後継者にグループをたばねる人材を見つけられるかが大きな問題である。跳ね返り分子の拡散という事態は避けねばならぬ。双方が抱く「国民から内戦を望んでいるとは思われたくない」との意識を利用して、合同委員会による仲介の成功が強く期待される。合同委員会自体はさまざまな思惑からその規模が拡大しすぎた印象もあり、また、諸外国を巻き込むことでかえって問題解決のさらなる長期化も懸念される。

暴力をともなう紛争が続くかぎり外国からの良質な投資は期待できず、国の発展もおぼつかないとの点をいかに早く双方関係者が心底納得して互いに妥協できるか。モザンビークの将来はそれにかかっている。

2　経済問題とガバナンス、そして教育の脆弱さ

これまでたどってきた歴史の上に成り立つモザンビーク社会は、二〇一五年の国連人間開発報告書の人間開発指数ランキングで一八八ヵ国中、一八〇番目である。二〇一五年の世銀データではモザンビーク人一人あたりGDPは約五二五ドルだが、最もインフラが貧しいとされるニアサ州や、最も貧困層が多いとされるザンベジア州のそれは、公表データがやや古くなるが、二〇一〇年でいずれも約二二〇ドル弱にとどまる。

また、二〇一五年一二月の国家統計院の発表によれば、国民の平均月収は、二〇〇二／三年の三二四メティカルから二〇一四／一五年の一四〇八メティカルへと増加しているものの、富裕層とそれ以外の層との格差は拡大しており、地域格差も同様に拡大している。国民の約八割は農民であるが、その大宗は依然として「低投入低収量」の状態にある零細農家で、彼らは肥料や農薬購入もままならないと聞く。エルネスト・ゴベ中央銀行総裁によればモザンビーク成人の八割は銀行口座を保有せず、金融サービスの九割は都市部に集中している。*

＊　二〇一六年七月六日付『ウパイシュ』紙。一部警察官が小遣い稼ぎのため夜間に強盗を働く……というケースも遺憾ながら後を絶たない。なお、ゴベ中央銀行総裁は二〇一六年八月三一日に任期満了、ニュシ大統領は後任としてＩＭＦ職員であったザンダメーラを起用した。

モアティーゼ炭鉱

二〇〇〇年代に入ってまず石炭、そして天然ガスといったように、相次ぐ天然資源の開発や発見の動きから国際社会はモザンビークの潜在力に刮目し、外国企業の進出が急速に進んだ。その後の国際資源価格の低迷といった外的要因もあるが、脆弱なインフラや人材不足から、そういった国民経済が膨張するせっかくのチャンスは必ずしも自国の産業化に十分活かされていない。農産物や消費財の輸入が輸出を大きく上回る傾向は依然として続いている。

すでに見た政府（フレリモ）とレナモの政治的・軍事的対立に加え、地域間の経済的格差についても注意が必要である。政治家や公務員が集中し、外国企業の多くも事務所を構える人口約二〇〇万の首都マプト周辺のみが成長を続ける傾向は矯正されねばならない。人口が少ない北部をはじめ、地方との格差は将来の社会的安定を考えれば

マプト市街を一望「モザンビーク版摩天楼」、マプト湾対岸の町カテンベから（絵はがきより）

決して放置されてはならない。

隠し債務の発覚

こうした国民経済の現実があるにもかかわらずというべきか、二〇一六年四月になって突如、ゲブーザ前政権時代の二〇一三年から一四年頃にかけて政府が、得体の定かでない二つの会社*によるスイスとロシアの銀行からの借り入れ（総額約一四億ドル）に対して、国会承認も経ずにひそかに政府保証を与えていたことが発覚した。

＊　二つの会社は、Proindicus 社と Mozambique Asset Management（ＭＡＭ）社。前者は沖合天然ガス事業のための警備、海難救助など安全確保を目的として二〇一二年に設立、約七億ドルをスイスのクレディ・スイス銀行とロシアのＶＴＢキャピタル銀行から政府保証の下で借り入れた。また、後者は沖合天然ガス事業にともなうロジス

ティックス基地となることが期待されるペンバ港施設整備を目的に二〇一四年に設立、同年に約六億ドルをＶＴＢキャピタル銀行から同様に借り入れた。

二〇一三年初めに設立された国営マグロ会社（ＥＭＡＴＵＭ）が、欧州での起債（俗にエマトゥム債）を通じて調達した漁業関連船舶建造のための八・五億ドル（クレディ・スイス銀行とＶＴＢキャピタル銀行が引き受けた）については、その不透明さがすでに二〇一三年九月に発覚して問題となっていたが、これを加えると二〇一六年六月現在で明るみに出たモザンビーク政府の非開示債務合計は二〇億ドルを越える。


なんと名目ＧＤＰ（二〇一五年は約一四七億ドル）のほぼ一〇％に相当する「隠し債務」が「新たに」発覚したのである。ＩＭＦや世銀はもとより、一般財政支援を行ってきた先進一四ヵ国は直ちに支援を停止した（日本はそもそも一般財政支援を行っていない）。新たに問題が発覚した二社の代表は、すでに二〇一三年にその不透明な融資調達が問題となっていた国営マグロ会社（ＥＭＡＴＵＭ）と同様、いずれも大統領直属機関である国家情報治安局（ＳＩＳＥ）のアントニオ・ロザリオ長官となっていた。

こうしたことからさらなる非開示債務の存在さえも疑われだすとともに、国家情報治安局が先に中国企業から購入した電話監視装置の代金約一・五億ドルへの支払いに充当された可能性や、一部についてはゲブーザ大統領（当時）の子息を経由してイスラエルなど、外国からの使途不明な武器購入に回った可能性等々が巷間おおいに話題となった。

公的債務不履行のみならず与党フレリモ分裂の可能性もささやかれる中、政府は議会などでの釈明に苦慮しつつ年度予算の緊縮修正や債務のリスケ交渉はもちろん、公営企業資産の売却、公務員給与の遅減配、さらには一部開発プロジェクトの停止などに着手したものの、スピード感のなさから根本的な「政治的意思と当事者能力の欠如」がきびしく指摘された。そのためになかなかドナー諸国はじめ国際社会からの信任回復には至っておらず、モザンビークはサブサハラ最大の債務国の一つ（二〇一五年末段階での公的債務残高はすでに約一二〇億ドル）となってしまった。

この時期、地方の路線バスに対する攻撃、政府に批判的な知識人の襲撃など、レナモの軍事部門と政府・フレリモの治安関係者が加害・被害のいずれかの形で関係すると思われる不可解な暴力事件の散発が続いたこともあって、英国をはじめとする国際社会からは、「対話、団結と平和、透明性ある資源管理、汚職排除、人材育成と包摂性、民主的な社会、等々を国家運営のキーワードとして二〇一五年一月に就任したニュシ大統領自身をはばむものは、大統領以下の統治機構全体と社会自身に蔓延する、そうしたキーワードとは真逆の精神土壌であり、非開示債務問題はモザンビークのガバナンス全体が抱える宿痾と同根である」とのきびしい批判が行われた。それまでサブサハラ諸国の中では良い方であると評価されたモザンビークのガバナンスに対する国際社会の信任は大きく傷ついた。

急務の教育充実

国家のガバナンスの問題を論じてゆくと、多くの場合、教育充実の必要性に行き着く。モザンビークについても、ポルトガル植民地時代の学校教育が、白人とアシミラード（ポルトガル人と同化したと認められた原住民）のみを念頭に置いたものであったことから、独立後は国民一般に対する教育についてはすべてを土台から作りあげねばならず、かねて教育の充実は喫緊の課題だと指摘されてきた。

人口増加率は二・五％前後と高く、二〇二〇年頃には総人口が三〇〇〇万人に達するであろうともいわれる若い国でありながら、平均余命は約五五歳と短い。保健省の説明では二〇一六年七月現在、全国の医師総数は二〇〇九人にすぎず、看護師総数は五万一〇〇〇人だという。妊婦と新生児の死亡率は高く、世界で一〇番目という少女早期結婚の多さや青年通過儀礼などの伝統的習慣は初等教育通学率に悪影響を与えている。二〇一四年と一五年の二年間で保護者了承の下に早期結婚で退学した児童数は六〇〇〇人にものぼる（フェラオン教育・人間開発大臣の二〇一六年六月二八日付『ウパイシュ』紙インタビュー）。

また、二〇一六年のユニセフ・モザンビーク事務所の発表では、五歳から一四歳の子供の二二・五％に当たる約一六〇万人が児童労働の状況にある。

一方、教育・人間開発省と国連開発計画の調査では、二〇一二年時点で小学校教員一人当たりの生徒数は六〇数人、中学校教員一人当たりでも五〇人強で教員は慢性的に不足している。しかも現在の初等中等学校教員の総数約一二万人中、約三〇％は心理教育などきちんとした教員訓練を受けていないといわれる（フェラオン教育・人間開発大臣の二〇一五年七月三日付『ノティシアス』紙インタビュー）。

平均就学年数は一・二年、一年生と二年生の小学校中退率は六〇％を越える。三年生終了時にモザンビークの公用語であるポルトガル語の読み書きができる児童は約六％（首都マプトで約二〇％）にすぎないともいわれる。国全体の識字率は約五三％で一二〇〇万人を越える国民は読み書きができない。

モザンビークの若者は明らかに数字に弱い。日常生活の中ではある問題に対してみずからの責任で判断を下すのを避けようとする傾向がある。成人の識字率がなお五割少々であるという事実とあわせ考えると、個人として主体的に生活を送るためにもいわゆる「読み、書き、ソロバン」といった基礎教育の充実は待ったなしである。

道路、資源開発といった「箱ものインフラ」の整備も重要であるが、資源価格が低迷し短期的には大きなビジネス・チャンスにつながりにくい時代だからこそ、当面はより教育に力を注ぐことがモザンビークにとっては重要だと思われる。基礎教育の充実は強靭な保健システムを社会に構築してゆく上でも効果的であろう。

保健衛生について二〇一一年のデータでは、五歳以下乳幼児の四三％が慢性の栄養失調だという。乳幼児栄養失調についても、特に北部のナンプラ、カーボデルガード、そしてニアサの三州がひどいとされる。都市部も含めて下水・廃棄物処理は遅れており、公衆衛生の意識も全国的に低い。HIV／エイズは、そもそも一九八〇年代にマラウイから南アフリカのウィットウォータースラントの鉱山へ渡った移民出稼ぎ労働者のグループが罹患したのが最初であるが、モザンビークにおけるその患者数は今や一五歳から四九歳の人口の約一二%を占めて世界第八位の多さである。しかも毎日一〇〇人以上がエイズのために死亡しているとの報道もある。これらは単に貧困が理由なだけではなく、関連インフラも含めた脆弱な基礎教育、ないしは人権・保健衛生教育の所以でもある。

3　結びにかえて

潜在力を活かすカギ

「モザンビークの潜在力にはすばらしいものがある」とは政財官界の国内外多くの人々が口にする。しかし、先に触れた非開示債務問題への対応に見られるように、国家運営をめぐって為政者の間に「自分が何とかしないといけない」といった真のオーナーシップが必ずしも十分に育っていないようにも見受けられる。

むろん、モザンビークだけではどうしようもない要素がその足を引っ張っている面もある。たとえば、原油価格を代表とする国際資源価格の低迷はその典型である。テテ州の良質な石炭、

イニャンバネ州マシシェの魚市場

カーボデルガード州パルマ沖ロブマ海盆に眠る日本の年間消費量四〇年分超ともいわれる天然ガスの開発などはそういった情勢にも左右されるだろう。

逆にそうした外部要因のむずかしさ故に、今を生きる国民の間に自分たちの将来をみずからの手で切り開くとの意識が生まれにくいのかもしれない。しかし、みずから研鑽努力する強固な意思を国民の多くが持つようにならないかぎり、せっかくの潜在力はやはり本当には活かせない。

この国には豊かな観光資源も存在する。フランシスコ・ザビエルが日本に向け出帆した地であり、天正遣欧使節がローマからの帰途半年ほど風待ちした、風光明媚なモザンビーク島は日本人にも馴染みがあろう。太平洋戦争勃発に際しては国際法に従って日米および日英間の第一次外交官交換が、一九四二年七月から九月にかけ浅間丸など民間船を使って中立国ポルトガルのロレンソマルケス（現マプト）で実施された。ロブスターはじめ豊かな海産物、マンゴー、マラクージャ（パッションフルーツ）等々の果物、世界的にも有名なカシューナッツといった、世界の旅人を魅了する要素は数え切れない。今でも年間約二〇〇万人の外国人客がモザンビークを訪れており、観光は電力、インフラ、農業とならんでモザンビーク政府が振興に力を入れる分野である。

旱魃、洪水といった災害に弱い一方、地味豊かな土地も多い。ザンベジア州ナンテやガザ州ショクエといった、ＪＩＣＡ派遣専門家の指導を得ておいしい米の収量を格段に飛躍させた地域もある。

マプト中央市場の果物（水谷祥子撮影）

残念なのは、それら比較優位を獲得しうるさまざまなファクターが、日本の二倍を超える広い国土でハードとソフトの両面で互いにいわば寸断されて存在することである。国民一般の草の根レベルにおいても、互いの間で情報をシェアすることの意義に今いっそう注目してほしいと思う。

今のモザンビークにとって、豊富な自国資源をいかした電力エネルギーの創出には、外国投資の誘致が必要である。エネルギー創出はインフラ整備につながり、国民の約八割を占める農民にとってインフラ整備は生産物の市場化とみずからの生活向上を約束する。そしてエネルギーとインフラは経済の多角化をもたらさずにはおかず、社会全体の安定と向上にも資する。インフラの充実がなければ観光産業についてもその伸張は期待できない。そしてこの国のインフラ整備には、賦存する豊かな資源を用いたエネルギーの創出と活用が望ましいことはいうまでもない。

繰り返しになるが、その際に重要なのは為政者、国民の「協力し合って自分たちの国を前に進めよう」との強烈なオーナーシップの自覚であり、モラルであり、それを個々人の心に確実に涵養するための基礎教育である。

「平和定着のモデル国」の前途

こう考えつつ現実を見るとあたかも八方塞がりの国であるかの絶望感にとらわれる向きもあろうが、困難をあげつらって一歩も半歩も前を見ないのではなく、改めてモザンビークの地政学的な利点、内戦終了後に「平和定着のモデル国」と世界から讃えられた理由を噛みしめるべきであろう。

賦存する資源のみならず、冒頭述べたように見るべき大河の少ないアフリカ大陸にあって、ザ

マプト中央駅に停車する列車（水谷祥子撮影）

ンベジ川、リンポポ川、あるいはロブマ川といった河川に恵まれ、天然の良港ナカラ、そしてベイラとマプトという三つの大型港と、そこから内陸に向かって三つの主な鉄道路線と経済回廊が伸びるという条件をすでに備え、何よりも今やアパルトヘイトを放擲した巨大な経済大国である南アフリカに隣接するということは、それだけでこの国の平和と安定、そして発展が周辺内陸国はもちろん、南部アフリカの、さらにはアフリカ全体と世界の平和と安定に直結し、かつ貢献するものであることを示している。

他のアフリカ諸国から遅れての独立達成、そのまま続いた内戦という悲惨な「幼児体験」からの出発でありながら、和平合意後の比較的スムーズな「武装解除・動員解除・社会復帰」とそれなりの治安回復、そしてなによりも塗炭の苦しみを味わったためであろうか、あるいは四〇以上あるとされる部族がみなみな基本的に温和な故であろうか、九〇年代以降に先進西側諸国と世銀・IMFの助言を受け容れることで順調な経済成長を達成してきたという歴史的事実を見れば、内にレナモとフレリモの対立・緊張をはらみながらも、この国が被援助国の優等生であり続けられる素地はやはり十分あると判断したい。

「豊かな日本」

日本人としてモザンビークを旅すると、彼らモザンビーク人一般の心に残る多くのレガシーのうち、少なくとも一つには邂逅することになる。日本人を(独立解放の際に助けてくれた)中国からの人だと思って声をかけられることが一つ。そしてこちらが日本人だとわかると「日本はすばらしい技術を持つ、大変豊かな国であることを自分は知っている」旨の称賛を聞くこと。そして「日本からエンジニアに来て教えてもらいたい。そうすれば我々も豊かになれる」と、きわめて楽天的かつ短絡的な期待を表明されることである。

相手がある程度の知識人である場合は、こちらも「たしかに技術は日本の発展の上で重要な役割を果たしてきたし、これからの日本の成長のためには技術を革新し続けていかねばならないことを日本人は皆知っている」とした上で、「しかし、それは大変な努力を必要とするだけでなく、技術革新そのものが社会を繁栄させると同時に新旧交代も引き起こすので、一部の人々の従来の経済的特権や政治権力の破壊をともなうこともある」と応じると、モザンビーク人の中にはどうコメントしていいか困った顔をする人が多い。意味がわからなかったのかもしれない。あるいは、「技術革新のない人間社会は繁栄しないし、新旧交代の新陳代謝も起こらず、一部の者の経済的特権や政治権力が温存されてしまう」という当方の含意を敏感に感じ取ってくれたのかもしれない。

むろん、当方は「今のモザンビークに技術革新など必要ない」と言いたいのではない。「技術を学びたい」「新しいことを知りたい」「それを役立てて今より気持よく生きたい」等々は人間の本然であろう。求められれば、途上国の人々の技術支援に対する要求に日本と日本人はこれまで快く応じてきた。このことは第二次世界大戦後の日本の歴史を曇りない目で見るかぎり明らかである。モザンビークに対してもそうであったし、これからもそのはずである。

求められる革新とは

自戒のために繰り返せば、モザンビークは約二五〇〇キロの海岸線を有し、面積は日本のほぼ二倍の約八〇万平方キロメートルであるのに対し、全人口は約二七三〇万人で都市は少なく、急速に膨張する人口二〇〇万人弱の首都マプト周辺を除けば人口がまばらな国である。地方では公用語のポルトガル語さえ解さぬ人は多い。各種インフラが脆弱なこともあって情報は必ずしも適時適切な形で伝わらず、特に地方での因習は根強く、保守的な庶民の中には黒魔術や祈祷を以て困難を解決しようとする人さえいる。あまつさえ配偶の関係によるのか、北部諸州に比較的多いアルビーノ（色素欠乏症の人）は差別され、しばしば誘拐されて臓器を摘出されるといった危険にさえさらされている。政府の懸命な啓蒙活動にもかかわらず悲劇は後を絶たない。宗教的には全国平均約六〇％の人がキリスト教徒である一方、北部には人口の約七～八割がムスリム教徒の地域もある。

自戒とは、技術支援に限らず我々日本人がこの国に対する援助を語る時に、中央政府関係機関との会議室でのやりとりだけで事足れりとせず、支援の対象となる現地の人々、現実の生活者のそうした心象風景も常に考慮に加えることである。国と国という本来対等な関係にある以上、「采配は自分たちが振る」との意識が強い中央政府の意向は尊重するとしても、地方の実態に常に目を向けようとする援助側の姿勢と複眼思考は不可欠である。

そして、いかなる社会にあってもおそらくはそうであろうが、特にこうした社会における技術革新、とりわけ経済関係の改革は、臨機応変にかつゆっくりと着実に進めねばならない。根本的な社会変化につながる場合は、そこに生きる人々の心理的パラダイム・シフトが激烈にならぬよう、努めて伝統的な仕組みに似た衣を着せた上で、あたかも連続線上を移動するかのごとく行ってゆかないかぎり、革新を本当に必要としている人々自身が伝統に固執して、逆に改革にとっての最大の障害となってしまうであろう。

自分たちが何をめざしてどちらの坂を登っていこうとするのか、モザンビークの友人たちみずからの、自問自答の継続と、互いの情報のシェアと、それにもとづく自由な議論と、そして何よりも内からの奮起を衷心より期待したい。彼らには市場主義経済の下、自由と民主主義、そして法の支配といった日本と同様の価値観を持つ国を引き続き指向して行ってほしいと思う。

あとがき

六年ほど前、機会を得て花伝社から『苦悩するパキスタン』を上梓、世に問うことができた。今回また一つの巡り合わせでモザンビークに赴任した。自分にとっては初めてのアフリカ勤務で、当時のパキスタンにくらべても文献と情報量ははるかに限られていた。公用語はポルトガル語で、にわか勉強では原語の書物を読み飛ばすこともできない。そもそも政治史関係の文献自体がマプトでは入手が難しかった。

しかし徐々に多くの日本人ビジネスマンがモザンビークに関与しつつあるのを目の当たりにして、三年弱の自分の滞在中に新聞や書物から学んだことや、七転八倒して得た知識は整理しておいた方がよいかもしれないと考えた。そうすれば今後モザンビークに関わる人々が、この国の来し方、行く末についてより深い検討を行う一助となるかもしれない。こうした気持ちを一時帰国の際に花伝社の柴田章編集顧問にお伝えしたところ、「サブサハラの実像を説くつもりで……」と御示唆頂いた。そのおかげで内容の方向性が定まり、書物としての体裁を整えることができた。

いかなる国家も多かれ少なかれその外の世界の潮流に影響を受けるものだと思う。しかし、とりわけ奴隷貿易や植民地支配を経験した多くのアフリカ諸国は、それに対する備えの姿勢をとる間もなく受け身のまま翻弄され続けてしまった。争いはあっても部族生活をそれなりに送っていた人々が、自分たちのイニシアティブで「国家」を形成し始める前に、技術や組織力で相対的に劣っていたが故に外から来た勢力の植民地とされてしまう。

「列強」と呼ばれる国々の諍いの挙げ句もプラスに働き、ようやく一九七〇年代半ばに独立を達成するが、それは素朴な人々にとってはそれまで抱いていた夢を手にした途端、冷徹な現実世界へ何の準備もなく突然放り出されることを意味した。そうした彼らが「左」を試し、「右」を試みながら「国家」として外部世界に伍してゆこうとしているのがモザンビークと呼ばれる地域である。受動的にならざるを得なかった人々の状況を理解するには、動きを作った相手側も見る必要がある。モザンビークの宗主国ポルトガルは列強中の弱小国で、彼ら自身が他に伍して生き残りを懸けていた。歴史をたどりつつこうした相互作用を浮かび上がらせるのは骨が折れた。柴田編集顧問にはお世話をかけた。

モザンビークの人々の物腰は柔らかく、意外に日本人と共通性がある。医療や衛生環境は大変脆弱で課題山積だが、モザンビークに宗教テロの危険はほとんどない。将来性と魅力は大きいが、いかんせん日本からは時間的にもきわめて遠い。家内は老いてゆく家族のこともあって片道ほぼ二日がかりの本邦への旅をたびたび行いながら、滞在中は社交を「片端から」こなすことで自分を支えてくれた。出版にあたりお世話になった花伝社の平田勝代表取締役と柴田章編集顧問に改めてお礼を申し上げると共に、家内への感謝も記しておきたい。

なお、本書に示された見解や意見は全て著者個人のものであることは言うまでもない。

平成二九年一月

水谷　章

水谷章（みずたに・あきら）

1957年、愛知県生まれ。

1980年、一橋大学法学部卒業、外務省入省。

在ドイツ大使館一等書記官、外務省領事移住部邦人保護課長、内閣参事官、在ドイツ、在パキスタン公使、在ミュンヘン総領事等を経て、2014年より在モザンビーク大使。

2009年～2011年、一橋大学大学院法学研究科教授。

著書
『苦悩するパキスタン』花伝社、2011年
『リスク・マネジメントと公共政策』（共著）、第一法規、2011年
Gebauer, Martin, et al. *Alternde Gesellschaften im Recht - Japanisch-deutsches Symposium in Tuebingen vom 3. bis 4. September 2012*. Mohr Siebeck. 2015.

モザンビークの誕生――サハラ以南のアフリカの実験

2017年1月25日　初版第1刷発行

著者 ――水谷　章
発行者 ―平田　勝
発行 ――花伝社
発売 ――共栄書房
〒101-0065　東京都千代田区西神田2-5-11出版輸送ビル2F
電話　03-3263-3813
FAX　03-3239-8272
E-mail　kadensha@muf.biglobe.ne.jp
URL　http://kadensha.net
振替 ――00140-6-59661
装幀 ――水橋真奈美（ヒロ工房）
印刷・製本―中央精版印刷株式会社

ISBN978-4-7634-0802-0 C0036

モザンビーク関連主要年表

●大航海、奴隷貿易、そして植民地化の時代

1415年　ポルトガルのエンリケ航海王子、セウタ攻略
1455年　ローマ法王ニコラウス5世、教書（Romanus Pontifex）をポルトガルに付与
1488年　ポルトガルのバルトロメウ・ディアス、喜望峰迂回しインド洋到達
1492年　コロンブス、アメリカ大陸発見
1493年　教皇子午線
1494年　トルデシリャス条約
1498年　ヴァスコ・ダ・ガマ、東アフリカ海岸を北上、モザンビーク島到達
1568年　オランダ独立戦争（～1648年）
1580年　スペインがポルトガルを併合（～1640年）
1586年　天正遣欧使節、モザンビーク島に滞在
1602年　オランダ東インド会社設立（～1794年）
1607年　ポルトガル、モノモタパ王国からマニカランドとマショナランドの開発権獲得
1620年　モザンビーク島のサン・セバスティアン要塞完成（1558年～）
1629年　ポルトガル、モノモタパ王国とザンベジ川以北の開発権合意
1648年　ウェストファリア講和会議
1652年　オランダのヤン・ファン・リーベック、ケープに上陸。ケープ植民地始まる
1685年　ナント勅令廃止
1693年　ブラジルで金鉱発見
1701年　スペイン継承戦争（～1714年）
1703年　英葡メシュエン条約
1727年　ブラジルでダイヤモンド鉱発見
1763年　ポルトガル、モザンビーク島に総督府
1803年　ナポレオン戦争（～1815年）

1807年　ナポレオン、リスボン進攻
1808年　ポルトガル王室、リオデジャネイロ遷都（～1821年）
　　　　英葡友好通商条約
1814年　ウィーン会議
1816年　ズールー王国（～1887年）急速に成長
1817年　ムフェカネ発生（～1828年頃が中心）
1820年　ポルトガルで自由主義革命、立憲王政成立
1822年　ブラジル独立
1833年　英国、奴隷制度廃止
1835年　グレート・トレック始まる
1836年　ポルトガル、奴隷貿易禁止法制化
1839年　ナタール共和国成立
1845年　英国、ケープ植民地にナタール共和国を強制編入
1852年　トランスヴァール共和国成立
1854年　オレンジ自由国成立
1859年　ドレーク大佐、米ペンシルベニア州で「石の油」発見
1867年　グリカランドでダイヤモンド鉱発見
1869年　スエズ運河開通
1875年　マクマオン仏大統領の英葡間仲裁で、ポルトガルによるデラゴア湾領有確定
1878年　イニャンバネにあったモザンビーク最後の奴隷取引所閉鎖
1880年　第1次ボーア戦争（南アフリカ戦争）
1881年　プレトリア講和協定
　　　　マフディー戦争（～1899年）

●欧州列強によるアフリカ分割の固定化

1883年　ドイツの貿易商リューデリッツ、南西アフリカ（現ナミビア）で利権獲得
1884年　ドイツの探検家ペータースが東アフリカ（現タンザニア）で秘密裏に利権獲得
　　　　トランスヴァール共和国にオランダ・南アフリカ鉄道会社設立
　　　　ベルリン・コンゴ会議（～1885年2月）

1885年　ドイツ東アフリカ会社（～1891年）
1886年　ウィットウォータースラントで金鉱発見
　　　　ポルトガル、バラ色地図計画を発表
1889年　イギリス南アフリカ会社設立
　　　　トランスヴァール鉱山会議所設立
1890年　英国、ポルトガルのバラ色地図計画に最後通牒
　　　　セシル・ローズ、ケープ植民地首相となる。ローデシア建国
　　　　アフリカ奴隷貿易に関するブリュッセル会議条約作成
1891年　北ローデシア地域でロシュナー約定
　　　　英国、ニアサランドを保護領化
　　　　モザンビーク特許会社とニアサ特許会社設立
1892年　ザンベジア特許会社設立
1894年　デラゴア湾鉄道事件
1895年　ジェームソン侵入事件
1896年　クリューガー電報事件
　　　　アドワの戦い
1897年　モザンビーク総督府とトランスヴァール共和国間で金鉱労働者募集の協定締結
1898年　英独対ポルトガル共同借款取り決め
　　　　ファショダ事件
　　　　ポルトガル領東アフリカの総督府、ロレンソマルケスへ移転（首都）
1899年　第2次ボーア戦争（南アフリカ戦争）
　　　　英葡ウィンザー条約
1901年　出稼ぎ労働者に関するモザンビーク・ケープ両総督府間の暫定協定合意
1902年　ウィットウォータースラント原住民労働協会と原住民労働募集会社、各々発足
　　　　フェリーニヒング講和条約
1905年　タンジール事件

●二つの世界大戦

1910年　南アフリカ連邦成立

ポルトガルで共和主義革命
1911年　アガディール事件
1912年　アフリカ人民族会議（ANC）発足
1913年　英独対ポルトガル共同借款秘密協定仮調印
1914年　第1次世界大戦勃発（～1918年）
1919年　ヴェルサイユ講和会議
1926年　ポルトガルで軍事クーデター、共和制崩壊
国際連盟、奴隷条約採択
1928年　ポルトガルと南アフリカ連邦、関税・運輸・労働力供給に関する協定締結
国際石油資本カルテル「プール・アソシエーション」結成（アクナキャリー協定）
1929年　世界恐慌
1932年　ポルトガルでサラザール独裁政権発足（～1968年）
1939年　第2次世界大戦勃発（～1945年）
1941年　英米、大西洋憲章発表
1942年　中立地ロレンソマルケスで日米及び日英の第1次外交官交換
1948年　マラン南アフリカ政権、アパルトヘイト法制整備に着手
1949年　NATO発足
1951年　ポルトガル植民地、「海外州」と呼び変え
1952年　ネルソン・マンデラ他、非暴力不服従運動開始
国連、南アフリカのアパルトヘイト体制非難決議採択を開始
1953年　ローデシア・ニアサ連邦結成
1954年　ポルトガル、国防国際警察（PIDE）設立
1955年　アジア・アフリカ会議（バンドン会議）
ポルトガル、国連加盟
1956年　ロレンソマルケスで人民蜂起

●「アフリカの年」（1960年）から解放・独立へ

1960年　シャープビル事件
ムエダの虐殺事件
国連総会決議1514（植民地独立付与宣言）採択

1961年　南アフリカ連邦、英連邦を脱退し南アフリカ共和国成立
　　　　タンガニーカ独立
1962年　モザンビーク解放戦線（FRELIMO）結成、第1回党大会
1963年　ザンジバル独立
1964年　タンガニーカとザンジバルが合邦、タンザニア連合共和国誕生
　　　　マラウイ独立
　　　　フレリモ、本格的に対ポルトガル戦闘開始
　　　　ザンビア独立
1965年　ローデシア紛争（～1979年）
1967年　国連、対ローデシア経済制裁決議
1968年　第2回フレリモ党大会（勝利の大会）
　　　　ナミビア誕生（国連が南アフリカのナミビア統治を不法と宣言）
1969年　モンドラーネ・フレリモ書記長暗殺
1970年　ポルトガル軍の大規模反攻作戦「ゴルディオスの結び目」
1974年　ポルトガルで無血軍事クーデター（四月革命またはカーネーション革命）
　　　　ローデシア諜報機関がモザンビーク民族抵抗運動（MNR）創設
　　　　ルサカ協定によりフレリモ・ポルトガル停戦合意、モザンビーク暫定政府誕生
1975年　モザンビーク人民共和国独立、憲法制定
　　　　フロントライン諸国結成
　　　　アンゴラ共和国独立
1976年　ロレンソマルケス、マプトに名称変更
　　　　モザンビーク、国連の対ローデシア経済制裁措置に参加
　　　　MNR、名称をポルトガル語のRENAMOに変更
1977年　第3回フレリモ党大会、マルクス・レーニン主義政党を宣明
1979年　ランカスターハウス協定
1980年　ジンバブエ独立
1981年　南アフリカ共和国政府、モザンビーク領内で越境ANC掃討作戦開始
1984年　モザンビーク・南アフリカ相互不可侵善隣条約（ンコマチ協定）締結
　　　　英国国教会の仲介でフレリモとレナモ間に和解模索の動き
1986年　マシェル大統領、航空機事故死

1989年　第5回フレリモ党大会、党綱領からマルクス・レーニン主義を削除
1990年　憲法改正によりモザンビーク共和国と国名変更
ネルソン・マンデラ釈放
フレリモとレナモ間で部分的停戦合意成立

●冷戦構造の終焉

1992年　SADC発足
モザンビーク包括和平ローマ協定調印
安保理決議797で国連モザンビーク活動（ONUMOZ）開始（～1995年）
ソ連邦解体、東西冷戦終結
1993年　日本の自衛隊、ONUMOZ参加（～1995年）
1994年　南アフリカで初の全人種参加型総選挙、ネルソン・マンデラ大統領
モザンビーク国防軍（FADM）結成
モザンビーク初の民主的な大統領選挙と議会選挙。シサノ第2代大統領
1995年　モザンビーク、英連邦加入
南アフリカ共和国、真実和解委員会を設置（～2002年）
1996年　モザンビーク、ポルトガル語圏諸国共同体（CPLP）設立に参加
2004年　サソール社（南ア）、モザンビーク南部のパンデデマネ鉱区で天然ガス生産開始
第3回目の大統領選挙と議会選挙。ゲブーザ第3代大統領
2010年　アナダルコ社（米）、モザンビーク北部パルマ沖で大規模天然ガス構造発見
2011年　ヴァーレ社（ブラジル）、モザンビーク北部テテ州モアティーゼで石炭採掘開始
2014年　安倍総理夫妻、モザンビーク公式訪問
ゲブーザ大統領とドゥラカマ・レナモ党首間で停戦合意署名
第5回目の大統領選挙と議会選挙、ニュシ第4代大統領
2015年　レナモ、停戦合意一方的に破棄
2016年　GDPの10%に上る非開示債務問題発覚
フレリモ・レナモ間の対話再開

欧文表記一覧

ア行

アイトランダース　Uitlanders
アガディール事件　Agadir Crisis
アクナキャリー協定　Achnacarry agreement
アシャンテ王国　Ashanti Empire
アドワの戦い　Battle of Adwa
アフリカ教育イニシアティブ　Africa Education Initiative
アフリカ雇用局会社　Employment Bureau of Africa Ltd.（TEBA）
アフリカ人民族会議　African National Congress（ANC）
アフリカ成長機会法　African Growth and Opportunity Act（AGOA）
アフリカ奴隷貿易に関するブリュッセル会議条約　Convention Relative to the Slave Trade and Importation into Africa of Firearms, Ammunition, and Spiritous Liquors
アラウージョ、マヌエル・ディ（ケリマネ市長）　Araujo, Manuel de
アリ、アイレス・ボニファシオ・バプチスタ（モザンビーク首相）　Ali, Aires Bonifácio Baptista
アリアガ、カウルザ・ディ（ポルトガル軍将軍）　Arriaga, Kaulza de
アルブケーケ、モゼーニョ・ディ（ポルトガル軍将軍）　Albuquerque, Mouzinho de
アンゴラ解放人民運動　Movimento Popular de Libertação de Angola（MPLA）
アンテュネス、エルネスト・メロ　Antunes, Ernesto Melo
ウィットウォーターースラント原住民労働協会　Witwatersrand Native Labour Association Ltd.（WNLA）
英国アフリカ湖沼会社　African Lakes Corporation（ALC）
英国聖公会　Universities Mission to Central Africa
英国直轄植民地　British Crown Colony（BCC）
英国南アフリカ会社　British South Africa Company（BSAC）
英国南アフリカ会社警察隊　British South Africa Company Police
エスタドノヴォ（新国家体制）estado novo
エネス、アントニオ・ジョゼ（ポルトガル海軍植民地相）　Enes, António José
エンクルマ思想研究所　Kwame Nkrumah Ideological Institute
オランダ・南アフリカ鉄道会社　Nederlandsche-Zuid-Afrikaansche Spoorweg-maatschappij（NZASM）

オレンジ自由国　Oranje-Vrijstaat（Orange Free State）

カ行

海外州　Overseas Provinces of Portugal
カウンダ、ケネス・ディビット（ザンビア大統領）　Kaunda, Kenneth David
カオラバッサ・ダム発電所　Hidroelectrica de Cahora Bassa（HCB）
ガザ王国　Empire of Gaza
カダリー、クレメンツ　Kadalie, Clements
カネム・ボルヌ帝国　Kanem-Bornu Empire
カーマ、セレツェ（ボツワナ大統領）　Khama, Seretse
カルドーゾ、カルロス　Cardoso, Carlos
カンコンバ、サミュエル・パウロ（フレリモ副司令官）　Khankomba, Samuel Paolo
キクウェテ、ジャカヤ・M.（タンザニア大統領）　Kikwete, Jakaya M.
ギニア・ビサウ＝カーボ・ヴェルデ独立人民党　Partido Africano da Independência da Guiné e Cabo Verde（PAIGC）
共和国植民地法　The Republican Colonial Law
組合主義教会　Congregationalist Church
グレート・トレック　Great Trek
黒魔術祈祷師　feiticeiros curandeiros
グングニャーナ王　Gungunhana
ケニア・アフリカ同盟　Kenya African Union（KAU）
ケニア土地自由軍　Kenya Land and Freedom Army
ゲブーザ、アルマンド（モザンビーク大統領）　Guebuza, Armando
原住民指定地　（native）reserves
原住民総括管理局　Quartermaster Administration of Indigenous Affairs
原住民土地法　Native Land Act
原住民労働募集会社　Native Recruiting Corporation（NRC）
鉱山労働法　Mines and Works Act
工商組合　Industrial and Commercial Union（ICU）
国軍運動　Movimento das Forças Armadas（MFA）
国防国際警察　International and State Defense Police（PIDE）
国有財産保全管理局　Administration of State Property Park（APIE）
国連モザンビーク活動　United Nations Operations in Mozambique（ONUMOZ）
国家情報治安局　State Information and Security Service（SISE）
ゴベ、エルネスト（中央銀行総裁）　Gove, Ernesto
小屋税　hut tax

「ゴルディオスの結び目」作戦　Operation Gordian Knot

サ行

再生国民党　Reunited National Party
ザンダメーラ、ロジェリオ・L.（中央銀行総裁）　Zandamela, Rogerio L.
ザンベジア（探査）会社　Zambezia (Exploring) Company
ジェームソン、レアンダー・スター　Sir Jameson, Leander Starr
ジェームソン侵入事件　The Jameson Raid
シサノ、ジョアキン（モザンビーク大統領）　Chissano, Joaquim
シパンデ、アルベルト・ジョアキン　Chipande, Alberto Joaquim
シマンゴ、ウリア・ティモテイ　Simango, Uria Timotei
シマンゴ、デイヴィス（MDM 党首）　Simango, Daviz
シマンゴ、ルテロ（MDM 院内総務）　Simango, Lutero
シャカ王　Shaka
ジャネ、ジュリオ・ドス・サントス（警察庁長官）　Jane, Julio dos Santos
シャンビッセ、エルネスト・D.（シャイシャイ市長）　Chambisse, Ernesto D.
自由アフリカ放送　Africa Livre
自由憲章　Freedom Charter
自由市民（入植地ケープの）　Vrije burger
自由戦士　freedom fighter
集団地域法　Group Areas Act
勝利の大会　Congress of Victory
ショナ族　Shona
ジョンガ族　Jonga
ジョンストン、ヘンリー・H.（在モザンビーク島英国領事）　Johnston, Henry H.
白い三角同盟　Tripartite White Alliance
人口登録法　Population Registration Act
新世代運動　Geração "homem novo"
ジンバブエ・アフリカ人民同盟　Zimbabwe African People's Union（ZAPU）
ジンバブエ・アフリカ民族同盟　Zimbabwe African National Union（ZANU）
ジンバブエ王国　Kingdom of Zimbabwe
ジンバブエ解放戦線軍　Zimbabwe African National Liberation Army（ZANLA）
シンビネ、グラサ（後のマシェル大統領夫人）　Simbine, Graca
スビキロ（予言者）　Svikiro
スピノラ、アントニオ・ディ（ポルトガル騎兵将軍）　Spínola, António de
ズマ、ジェイコブ・G.（南アフリカ大統領）　Zuma, Jacob G.

スミス、イアン・ダグラス（ローデシア首相） Smith, Ian Douglas
ズールー王国　Zulu Kingdom
ズールー戦争　Anglo-Zulu War
スワジ族　Swazi
星座構想　Constellation Initiative
セメ、ピックスレイ・カ・イサカ　Seme, Pixley ka Isaka
セルパ・ピント、アレッサンドル・ディ（モザンビーク総督） Serpa Pinto, Alexandre de
セングラーネ、ディニス（英国国教会司教） Sengulane, Dinis
全自由闘士会議　All Freedom Fighters Conference
全面戦略　total strategy
全面的アパルトヘイト　grand apartheid
ソアレス、マリオ（ポルトガル外相） Soares, Mario
ソシャンガネ王　Soshangane
ソンガイ帝国　Songhay Empire
村落共同体化　villagisation

タ行

大尉運動　Captain's movement
大増産作戦　Operation Production
ダウ船　Dhow
脱植民地化特別委員会　Special Committee on decolonization
タンガニーカ＝アフリカ人民族同盟　Tanganyika African National Union（TANU)
団結の銀行　Bank of Solidarity
タンジール事件　Tangier Crisis
血の河の戦い　Battle of Blood River
チバロ（公共インフラ工事労働債務） Chibalo
チムレンガ（武装抵抗勢力） Chimurenga
中央アフリカ連邦　Central African Federation（＝ローデシア・ニアサランド連邦）
ツワナ族　Tswana
出稼ぎ労働制度　migrant labour system
デビアス鉱業会社　De Beers Consolidated Mines
テルセイラ島　Terceira Island
ドイツ植民協会　Gesellschaft für Deutsche Kolonisation（英語 Society for German Colonization）
ドイツ東アフリカ会社　Deutsch-Ostafrikanische Gesellschaft

同化民（アシミラード） assimilados
東中南部汎アフリカ自由運動 Pan-African Freedom Movement of East, Central and South Africa（PAFMECSA）
トウツェ遺跡 Toutswe settlement
ドゥラカマ、アフォンソ（レナモ党首） Dhlakama, Afonso
独立モザンビーク・民族アフリカ連合 National African Union of Independent Mozambique（UNAMI）
ドス・サントス、マルセリーノ（フレリモ中央委員） dos Santos, Marcelino
特許会社 Chartered company
トランスヴァール共和国 the Republic of Transvaal（正式には南アフリカ共和国：Zuid-Afrikaansche Republiek, the South African Republic）
奴隷条約 Slavery Convention
ドレーク、エドウィンL.（石油発見者）Drake, Edwin L.

ナ行

ナタール共和国 Natalia Republiek（Natalia Republic）
南西アフリカ人民機構 South West Africa People's Organization（SWAPO）
南部アフリカ開発共同体 Southern African Development Community（SADC）
南部アフリカ開発調整会議 Southern African Development Coordination Conference（SADCC）
南部出身者 landins
ニエレレ、ジュリウス（タンザニア大統領） Nyerere, Julius
西グリカランド Griqualand West
ニュクレ・ドゥ・アート協会 Associação Núcleo de Arte
ニュシ、フィリップ・ジャシント（モザンビーク大統領） Nyusi, Filipe Jacinto
ヌカヴァンダメ、ラザーロ N'kavandame, Lazaro
ネル、ルイス（南アフリカ外務次官） Nel, Louis

ハ行

パシェコ、ジョゼ・アントニオ・C.（農業食糧安全相） Pacheco, Jose Antonio C.
パス法 Pass laws
バスト族 Basuto
バツワ国 Batswa
バナナの家 Casa Banana
バラ色地図 The Rose-Coloured Map
バルアルテ礼拝堂 Capela de Nossa Senhora do Baluarte

バルエ族　Barue
バロツェランド　Barotseland
パン・アフリカニスト会議　Pan-Africanist Congress（PAC）
バンダ、ヘイスティングス・カムズ（マラウイ大統領）　Banda, Hastings Kamuzu
バンツー教育法　Bantu Education Act
バンツー自治促進法　The Promotion of Bantu Self-Government Act
バンツー自治法　Bantu Self-Government Act
バンツースタン計画　Bantustan strategy
バンツー・ホームランド市民権法　Bantu Homelands Citizenship Act
ハンパテ・バー、アマドゥ　Hampâté Bâ, Amadou
ビクター・フェルスター刑務所　Victor Verster Prison
非同化民　indigenas
ファショダ事件　Fashoda Incident
ファン・デア・ヴェステュイツェン、ピーター（南アフリカ軍将軍）　van der Westhuizen, Pieter
ファン・リーベック、ヨハン・A・ヤン　van Riebeeck, Johan Anthoniszoon Jan
フェラオン、ジョルジ（教育人間開発相）　Prof. Ferrao, Jorge
フェリーニヒング条約　Treaty of Vereeniging
フォルスター、ヴァルタザール・ヨハネス（南アフリカ共和国大統領）　Vorster, Balthazar Johannes
武装解除・動員解除・社会復帰　Disarmament, Demobilization and Reintegration（DDR）
不服従運動　Defiance Campaign
フラワー、ケン（CIO 長官）　Flower, Ken
ブラガンサ、アキノ・ディ　Bragança, Aquino de
フランス・ホヴァ戦争　Franco-Hova War
フルウールト、ヘンドリック（南アフリカ連邦首相）　Verwoerd, Hendrik
フレリモ党再教育施設　Re-education camp
ペータース、カール（探検家）　Peters, Karl
ベルリン・コンゴ会議　Kongokonferenz
ボータ、ピーター・ウィレム（南アフリカ共和国首相）Botha, Pieter Willem
ポルスモア刑務所　Pollsmoor Maximum Security Prison
ポルトガル語圏諸国共同体　Comunidade dos Países de Língua Portuguesa（CPLP）
ポルトガル植民地民族主義運動調整委員会　Coordinating body of the nationalist movements of the Portuguese colonies（CONCP）

マ行

マクイアーネ、サイモン（レナモ交渉代表）Macuiana, Saimone
マシェル、サモラ・モイゼス（モザンビーク初代大統領） Machel, Samora Moises
マシェル、マンダンデ・モイゼス　Machel, Mandhande Moises
マジンバ族　Madimba
マタンバ王国　Kingdom of Matamba
マダンダ王国　Kingdom of Madanda
マニカ王国　Kingdom of Manyika
マフディー戦争　Mahdist War
マプングブエ王国　Kingdom of Mapungubwe
マラヴィ王国　Maravi「炎の大地」
マラン、ダニエル・フランソワ（南アフリカ連邦首相） Malan, Daniel François
マラン、マグヌス（南アフリカ共和国国防相） Malan, Magnus
マリ王国　Mali Empire
南アフリカ原住民民族会議　South African Native National Congress（SANNC）
南アフリカ真実和解委員会　South Africa's Truth and Reconciliation Committee
「南アフリカ人の要求」 African Claims
南アフリカ連邦　Union of South Africa
ミルナー、アルフレッド（ケープ植民地総督） Milner, Alfred
民族連合党　National Coaliltion Party
ムエダの虐殺　Massacre of Mueda
ムガベ、ロバート・ガブリエル（ジンバブエ大統領） Mugabe, Robert Gabriel
ムグラニ・キャンプ　Mgulani Center
ムーザ・アル・ビック　Musa al bique
ムジリカジ王　Mzilikazi
ムテンバ、ジョシナ　Muthemba, Josina
ムバラ会議　Mbala meeting
ムバンディ女王　Queen Njinga Mbandi
ムフェカネ　Mfecane
ムベンバ王　Mbemba
メシュエン、ジョン（在ポルトガル英国大使） Methuen, John
メリナ（ホヴァ）王国　Merina(Hova) Kingdom
モザンビーク　Mozambique
モザンビーク・アフリカ民族連合　Mozambique African National Union（MANU）
モザンビーク解放人民軍　Forças Populares de Libertação de Moçambique（FPLM）

モザンビーク解放戦線　Frente de Libertacao de Mocambique（FRELIMO）英名は Mozambique Liberation Front
モザンビーク共和国　Republic of Mozambique
モザンビーク・キリスト教協議会　Christian Council of Mozambique（CCM）
モザンビーク国防軍　Forças Armadas de Defesa de Moçambique（FADM）
モザンビーク女性機構　Mozambican Women's Organisation（OMM）
モザンビーク人民共和国　People's Republic of Mozambique
モザンビーク青年機構　Mozambican Youth Organization (OJM)
モザンビーク・トランスヴァール共和国条約　the Mozambique-Transvaal Convention
モザンビーク包括和平協定　Rome General Peace Accords
モザンビーク民主運動　Mozambique Democratic Movement（MDM）
モザンビーク民族抵抗運動　MNR : Mozambican National Resistance 後に RENAMO : Resistencia Nacional de Mocambique
モザンビーク民族民主連合　National Democratic Union of Mozambique（UDENAMO）
モザンビーク労働者機構　Workers Organization of Mozambique（OTM）
モシュシュ王　Moschoeshoe
モノモタパ王国　Kingdom of Monomotapa
モファット、ジョン・スミス　Moffat, John Smith
モファット友好条約　Moffat Treaty
モンドラーネ、エドゥアルド・シバンボ（初代フレリモ書記長）　Mondlane, Eduardo Chivambo
モンドラーネ、ジャネット・ラエ・ジョンソン（初代フレリモ書記長夫人） Mondlane, Janet Rae Johnson

ラ行

ラッド、チャールズ・D.　Rudd, Charles D.
ランカスターハウス協定　Lancaster House Agreement
ラント原住民労働協会　Rand Native Labour Association Ltd.（RNLA）
リューデリッツ、アドルフ　Lüderitz, Adolf
臨時奴隷制委員会　Temporary Slavery Commission
ルサカ協定　Lusaka Agreement
霊水マジマジ反乱　Maji Maji Rebellion
レワニカ　Lewanika I
ロザリオ、アントニオ・カルロス・ドゥ（SISE 長官）　Rosario, Antonio Carlos do
ロシュナー、フランク　Lochner, Frank
ロシュナー約定　Lochner Concession

ロヅィ族　Lozi
ローデシア原住民労働局　Rhodesia Native Labour Bureau（RNLB）
ローデシア中央情報機構　Central Intelligence Organization（CIO）
ローデシア統一国民独立党　United National Independence Party（UNIP）
ローデシア・ニアサランド連邦　Federation of Rhodesia and Nyasaland（＝中央アフリカ連邦）
ローベングラ　Lobengula
ロマーヌス・ポンティフェックス（ニコラウス五世法王教書）Romanus Pontifex
ロンガ族　Ronga

ン

ンクトゥムラ、アルベルト・ハワ・ジャヌアリオ（青年スポーツ相）　Nkutumula, Alberto Hawa Januario
ンゴニ族　Ngoni
ンコマチ協定（相互不可侵善隣条約）　Nkomati Accord
ンコモ、ジョシュア　Nkomo, Joshua
ンデベレ族　Ndebele

参考文献一覧

アイリス・バーガー、E・フランシス・ホワイト『アフリカ史再考——女性・ジェンダーの視点から』富永智津子訳、未來社、2004年。

網中昭世『植民地支配と開発——モザンビークと南アフリカ金鉱業』山川出版社、2014年。

井口民樹『モザンビークからきた天使——医師をめざすアフリカの少女の日本留学記』学研、1988年。

大平健二『モザンビークにおける援助の変遷と日本の対応』専門調査員報告書、2006年4月。

岡倉登志『アフリカの歴史——侵略と抵抗の軌跡』明石書店、2005年。

佐伯尤『南アフリカ金鉱業史——ラント金鉱発見から第二次世界大戦勃発まで』新評論、2003年。

白土圭一『ルポ　資源大陸アフリカ』東洋経済新報社、2010年。

ダロン・アセモグル、ジェイムズ・A・ロビンソン『国家はなぜ衰退するのか——権力・繁栄・貧困の起源』鬼澤忍訳、早川書房、2013年。

デビット・バーミンガム『ポルトガルの歴史』高田有現、西川あゆみ訳、創土社、2007年。

中澤香世「モザンビーク」『平和構築と治安部門改革（SSR）——開発と安全保障の視点から』（第9章）、広島大学平和科学研究センター研究報告No.45、2010年3月。

百田尚樹『海賊とよばれた男』講談社、2012年。

船田クラーセンさやか『モザンビーク解放闘争史——「統一」と「分裂」の起源を求めて』御茶の水書房、2007年。

星昭、林晃史『アフリカ現代史I　総説・南部アフリカ』山川出版社、1992年。

堀内隆行『19世紀末ケープ植民地とヨーロッパ・アイデンティティ』京都大学大学院文学研究科／21世紀COEプログラム第5回研究会資料、2003年10月。

松田素二『アフリカ社会を学ぶ人のために』世界思想社、2014年。

宮本正興、松田素二『新書アフリカ史』講談社現代新書、2009 年。

モザンビーク刊行チーム『モザンビーク――救われるべき国の過去・現在・未来』柘植書房新社、1994 年。

ロバート・ゲスト『アフリカ――苦悩する大陸』伊藤真訳、東洋経済新報社、2008 年。

Cardoso, Carlos. *Samora Machel: The Last Ten Minutes.* Mozambique. News Agency (AIM). February 1987.
Encyclopædia Britannica (https://www.britannica.com/).
Fact Sheet : *US - Africa Relations Chronology.* US AFRICOM Public Affairs, 2008.
Fauvet, Paul & Gomes. 'Alves.South Africa's Marionettes of Destabilisation'. *A Journal of African Studies* 12(1), 1982.
LeFanu, Sarah. *S is for SAMORA :A Lexical Biography of Samora Machel and the Mozambican Dream.* University of KwaZulu-Natal Press. 2012.
Meredith, Martin. *The State of AFRICA: A History of The Continent Since Independence.* Simon & Schuster UK Ltd. 2013.
Ndelana, Lopes Tembe. *From UDENAMO to FRELIMO and Mozambican Diplomacy.* Headline Books, Inc. 2016.
Schauer, Philipp. *Mozambique: Architectural and Tourist Guide.* Brithol Michcoma, Maputo. 2016.
Vine, Alex. *Renamo-Terrorism in Mozambique.* Indiana University Press. 1991.
Young, Tom. *Africa : A Beginner's Guide.* Oneworld Publications. 2010.